夫妻的世界

潘幸知的40堂婚姻管理课

潘幸知

— 主编 —

台海出版社

图书在版编目（CIP）数据

夫妻的世界：潘幸知的 40 堂婚姻管理课 / 潘幸知主编 . -- 北京：台海出版社，2021.5
ISBN 978-7-5168-2949-3

Ⅰ . ①夫… Ⅱ . ①潘… Ⅲ . ①婚姻—通俗读物 Ⅳ . ① C913.13-49

中国版本图书馆 CIP 数据核字（2021）第 062231 号

夫妻的世界：潘幸知的 40 堂婚姻管理课

主　　编：潘幸知

出 版 人：蔡　旭　　　　　　　　封面设计：末末美书
责任编辑：赵旭雯

出版发行：台海出版社
地　　址：北京市东城区景山东街 20 号　邮政编码：100009
电　　话：010 — 64041652（发行，邮购）
传　　真：010 — 84045799（总编室）
网　　址：www.taimeng.org.cn/thcbs/default.htm
电子邮箱：thcbs@126.com

经　　销：全国各地新华书店
印　　刷：三河市嘉科万达彩色印刷有限公司
本书如有破损、缺页、装订错误，请与本社联系调换

开　　本：880 毫米 × 1230 毫米　　1/32
字　　数：185 千字　　　　　　　印　　张：8
版　　次：2021 年 5 月第 1 版　　印　　次：2021 年 5 月第 1 次印刷
书　　号：ISBN 978-7-5168-2949-3

定　　价：49.80 元

第一章　断舍离：当你迈出离婚这一步

第二章　婚姻启示录：你要知道的婚姻真相

第三章　爱是门学问：自察与成长

1

第一章

断舍离：当你迈出离婚这一步

二婚后，老公不出钱还冷暴力，我想离婚

文 / 戴喆

问：

丈夫和我均是二婚，结婚 3 年，丈夫生活上不出钱，也不愿跟我交流，平时除了必要时和我说几句话，我们基本上处于零沟通的状态。

我想过放弃这段婚姻，但是母亲总跟我说，"你已经是二婚了，还要再离一次婚吗？日子差不多就对付过吧"。

母亲是个很传统的女性，她觉得女人应该以婚姻为重，再委屈也要维系好一个家。所以她对我的这些委屈、难过选择视而不见、听而不闻，甚至每次都说是我的问题。

这个现状让我很痛苦也很无力，我不知道该怎么解决。

老师，我该怎么办？

答：

在你的描述中，我看到了你的孤独。和丈夫没有情感连接，向母亲寻求帮助，母亲却也忽略你的感受，推开你，只说是你自身的问题。

这样不被理解、不被关心、不被支持的感觉真的很痛苦。

面对未来仿佛只能靠自己，母亲的建议就是忍——"再委屈也要维系好一个家"。然而这样孤独、无助地一路忍下去，确实让人感觉很无望，生活没有盼头。

目标的确认

从你的话里我看到，你并不认同你母亲。你不想"对付着过"，你对婚姻关系有更高的追求。那么既然从母亲那里得不到支持，你就更应该放大内心的声音。

你的目标是什么？你要的婚姻状态是怎样的？你自己要有一个清晰的答案。

目标感对一个人来说极为重要。有的人先天条件很差，父母常年争吵或者离婚多年，她没有好的范本可以学习。她不知道夫妻双方应该怎么相处，怎么处理矛盾，怎么经营关系。然而只要还有目标，就还有希望。

这就像一个在大山里出生的孩子，她的父母没有读过书，她想要学习不可能依靠父母。她想获得一番成就，一定要靠自己去努力，一定要花很多很多的时间、精力在学习上。

在关系世界中也是这个道理。

10年前我认识一位朋友，她当时的婚姻状态一塌糊涂。她那会儿根本说不清自己的感受、需要，甚至连自己的情绪都摸不到，在她的情绪字典里只有高兴和不高兴。

她听不出别人话里的深意，也没办法跟老公沟通任何事情。然而她不认命，她渴望高质量的情感连接，渴望轻松、舒适、彼此理解的情感生活。

于是她花费了很多精力去学习，还花了很多时间跟高情商的人在一起相处。

她写了整整5本情绪日记，从简单标明自己的"难过、委屈、生气、厌恶"到能从丈夫的一个微表情中，猜测出丈夫心里的感受和想法。她靠自己的努力一步步地从"大山"里走了出来。

如今她已经成为一名心理咨询师，而她也早就通过自己的改变，改善了她的婚姻关系，过上了她想要的生活。

目标感，它是一种渴望，一种执念。若真的想到达某处，不用别人帮多少忙，我们自己就可以到达那里。

失败的反思

同时你也不要觉得自己没有任何资本，过去那些失败的经验都是资本。

"我要什么样的生活"，关于这个问题，你过去肯定有过很多思考。这是你第二次婚姻了，显然第一次婚姻不是你要的状态。

第一段婚姻，你和前夫的合作没有成功，没有达到对方的预期，也没有达到自己的预期，于是你们解除了婚姻关系。

第二段婚姻，你换了一个人重新尝试合作。但3年过后，仍然没有实现目标，当下的婚姻状态你仍然很不满意。

现在是时候总结一下失败的教训了，为什么你想过好，却一直过不好呢？

6 个思考方向

由于你提供的线索不多，我不能帮助你分析完整的实际情况。我只能提供一些思考角度，供你参考一下，看看是否能对你有所帮助：

1. 丈夫和前夫，包括你过去交往的对象，是否有共通之处？对于这些共通之处，你是怎么看的？

曾经我的一位来访者说自己就是个"渣男磁铁"，总能在万千男性中找到最渣的那一个。每段关系开始时，她总是抱着能够改变他们、拯救他们的信念。

然而事实上，她没有这种能力。后来她反思，发现是因为小时候自己的父亲很渣，抛弃了妈妈和自己，她内心觉得生命不完整，想要通过改变一个渣男来疗愈小时候的创伤。

你可以像这样，通过在相似点上的觉察，看看能否找到一些自己内在的心理情结。

2. 过去几段关系你是如何处理冲突的？这种方式会有什么不良后果？

有的人在与他人发生冲突时，会像一个嗜血的战士，寸土不让；而有的人会在冲突中感到害怕，甚至还没发生冲突，只感觉可能会有矛盾时就开始回避。

这些处理冲突的模式需要觉察总结，因为都有弊端，嗜血的战士会让对方退缩，会让关系紧张，让对方想逃离；而回避冲突的人，则会一直保持很委屈的状态，不敢说出自己的需要，感觉对方不理解自己。

通过对冲突处理方式的觉察，我们能更了解自己，同时也可以以此了解对方。当下关系处于零沟通的状态，这也说明你们对彼此的了解还不够。

3. 是否有不合理的期待？

90% 的夫妻都想要改变对方，但往往越想改变对方，对方越是不会改变。

归根结底，想改变对方，其实还是为了满足自己的需要。

他如果那样了，我就舒服了。然而我舒服了，对方舒服不舒服呢？试想他要舒服的话，他早就改了，还用你说吗？

所以改变别人那是别人的事，改变自己才是自己的事情。

结婚前，我们有必要更深度了解对方，知道对方是怎样的人，若不满意，则可以不结婚。而决定进入婚姻的那一刻，我们就该接受对方本来的样子。

其实只有接受对方本来的样子，对方才能松弛地在我们面前做自己，在一起时才会感觉互相接纳、互相认同，才会愿意更多地待在一起。

4. 怎样变成零沟通的？

关系质量的标准，其实就是可以沟通的层次。这在鲍威尔的"关系金字塔"中有非常清晰的注解。

最浅的关系，就是寒暄、无所分享的层次。就如你们现在，除了必要时说几句话，基本处于零沟通状态。

接着第二层次是分享我所知。说一些自己的见闻，我们知道、了解的事情。

第三层次是分享我所思。我是怎么想的？我对一件事情是怎么理解、怎么判断的？

第四层次是分享我所感。我的感受是怎样的？悲伤、喜悦、愤怒？我把我的心理状态跟你分享。

最高的一个层次是分享我所是。到达这个状态，首先得知道自己是谁，自己先得活得通透了，才能让对方知道我是谁。

相信你们结婚的时候，一定不是最浅的那个层次，如果只能寒暄，又怎么会进入婚姻呢？

关键是你们是如何把本来可以分享我所感、我所思的状态发展成只能寒暄的。

是因为你们彼此分享的时候，有太多评判，让彼此感觉都不接纳对方，觉得分享不舒服？还是说，你自己内在有很多感受没有表达清楚？这些都值得好好反思。

5. 对方的愿景是什么？

你还要知道，你的资本绝不仅仅是自己。

关系是两个人的，关系往哪个方向发展，两个人必然都发挥着重要作用。问题的关键是：你们有没有能力帮助对方发挥出他／她的作用。

你要知道你的丈夫也是在经历第二次婚姻，肯定也曾经对他的新婚姻充满期待。可如今他应该也很失望，他所渴望的新婚姻，绝不会是这种没有连接、很陌生、很疏离的状态。

在你痛苦的时候，往往会忽略对方的想法和需要。你照顾好自己的感受以后，也可以想想对方的目标是什么，他愿意为这个家里付出时间、付出金钱、付出情感的动力是什么。

合作的双方一定要有共同的愿景，你需要他的同时，他也需要你，你们的关系才会有发展的可能。

6. 可以执行的小动作？

最后你们还可以制定一些具体的、可操作的小目标。

任何关系都是一个情感账户，你们每一次让彼此不舒服，都是从这个账户里拿钱，日子久了只出不进账户总会空的。

反过来，你们每一次让彼此幸福、快乐，觉得被对方欣赏、肯定，就是在往这个账户里存钱，每存一次，关系就会更好。

经营关系就是这一笔一笔的流水，聚沙成塔还是溃于蚁穴都在于朝夕的积累。所以你们也不用想得太远，明天能为关系做点什么、想为关系做点什么，写出来，去执行就好。

这一切没有捷径，活好每一个当下，感恩你所拥有的，未来指日可待。

离婚后，才发现前夫居然藏了一个亿的股权

文 / 张佳佳 潘幸知

问：

离婚两年了，我突然发现前夫在离婚前居然背着我和别人一同注册了一个公司，所占股权价值近亿元。

我们是协议分手的，当时是因为他出轨，第三者已经怀孕，不依不饶，他不得已选择离婚。他觉得亏欠我，两套房产都归我，价值 1500 多万。

我心想，他知道亏欠我就行，对我也做了补偿，两套房子都留给了我，他也算是净身出户了。我便没有多想，直接就在离婚协议上签字了。

但是，两年后，我经过朋友提醒才发现，他和第三者住着豪宅，开着豪车，生活做派和与我结婚的时候大不相同。

明明他已经净身出户了啊，难道第三者是个白富美吗？

我忍不住好奇心，就调查了一下，发现第三者根本不是什么白富美，也就是从一个小县城来到大城市打拼的普通职员。

这样我就更好奇了！他们的钱从哪里来呢？

经过调查我才发现，前夫掌管着一个公司，公司是我们离婚前注册的，他占有 47% 的股权，现在股权价值近 1 亿元。

真是越想越生气，我本还庆幸，他还有点良知，把房产都给了我，算是对我的补偿。原来人家早有规划，资产的大头我根本不知道。若不是朋友提醒，我还一直被蒙在鼓里。

他做得实在太过分了，这样的欺骗我不能忍受。所以，现在我想知道，这些股权是不是夫妻共同财产？他这样做，算不算隐瞒夫妻共同财产？我是否可以要求重新分割这笔财产？

答：

朋友你好：

不要觉得气愤，也不要觉得悲凉，离婚到最后最有可能发生的就是财产纠纷了。所以不必为已经发生的事情耗费心神，毕竟你们已经离婚，他也开始新的生活了，你也应该走出离婚的阴影。

离婚的时候，因对方隐匿、转移共同财产而遗漏分割财产的行为很常见，这是人性的贪，亦不必去质问，但别担心，法律会捍卫你的权利。

你有请求再次分割被隐藏的夫妻共同财产的权利

诉讼实践中有一个案由叫离婚后财产纠纷。

依据我国《民法典》第一千零九十二条："夫妻一方隐藏、转移、变卖、毁损、挥霍夫妻共同财产，或伪造夫妻共同债务企图侵占另一方财产的，在离婚分割夫妻共同财产时，对该方可以少分或者不分。

离婚后，另一方发现有上述行为的，可以向人民法院提起诉讼，请求再次分割夫妻共同财产。"

因此，如果确定该公司股权是夫妻共同财产，你可以请求法院再次分割，而且，如果有证据证明你前夫在离婚时刻意隐藏该股权，导致你当时没有分割到，你还可以要求对方少分或不分。

提起诉讼的时效是三年

《最高人民法院适用〈中华人民共和国民法典〉婚姻家庭编的解释（一）》第八十四条规定："当事人依据民法典第一千零九十二条的规定向人民法院提起诉讼，请求再次分割夫妻共同财产的诉讼时效期间为三年，从当事人发现之次日起计算。"

也就是说，自你发现该公司是你前夫在你们婚姻关系存续期间设立注册，但离婚的时候并未分割，从你发现你前夫有隐匿财产这一事实之日起往后三年内可提起诉讼。

所以，如果你想争取你的权益，那么要尽快起诉，否则就会被视为你放弃自己的权利，法律是不保护懈怠者的。

起诉准备：提前收集并准备证据

根据《最高人民法院关于民事诉讼证据的若干规定》，当事人对自己提出的诉讼请求，有责任提供证据来加以证明。没有证据或者证据不足的，由当事人自己承担后果。这就是著名的"谁主张谁举证"的原则。

因此，你要为自己提供充分的证据，也就是说，首先你必须有证据证明公司是在你们婚姻关系存续期间成立，且你前夫是用你们夫妻共同财产出资或者投资的。

其次在离婚的时候，你们没有对该部分财产进行分割，离婚协议上根本没有涉及该财产，你压根就不知道该公司的存在。否则，一旦进入诉讼程序，证据不充分，那就只能独自遗憾吃亏了。

此外，既然对方已经刻意隐瞒了股权，而且由于涉及股权价值巨大，如果无十分的把握，并不建议直接沟通协商或者谈判，而应在尽快提起诉讼的同时，申请财产保全，防止对方再次转移财产。

分割方案：综合权衡

以上三条适用于任何其他财产，但是由于公司股权具有特殊性，不仅适用《民法典》，还必须遵循《公司法》的规定，情况相对复杂。

比如，在股权分割时，你可以要求对方给付股权相应的折价款，也可以主张成为公司股东。但如果主张成为股东，就必须符合该公司公司章程中的特殊规定。

如果公司章程限制他人成为该公司股东，那么你就只能要求折价，如果公司章程无限制规定，且过半数的股东同意，那么你可以顺利成为股东。但如果过半数股东不同意，但愿意以同等条件购买属于你的法定股份，那么你也只能获取折价款。

无论你选择哪种方案，都是要仔细权衡的，如果你主张分割股权，那么你最好对公司的经营状况进行深度了解，避免承担公司债务的风险；如果你主张股权价值对应折价款，那么就必须对股权价值进行评估，这个评估本身就比较复杂。

所以，无论如何，都建议你请专业人士协助处理，避免被动和扩大诉讼成本。

好了，以上是我的解答，希望能够帮助到你，无论对方态度如何，都请你淡定处理，从容应对。

离婚启示录

文 / Sumiu

关于离婚，有一个不得不承认的事实是，大多数的婚姻都是以女人无法再忍受下去而结尾。

原因是大多数婚姻中，男人都是既得利益者，有人给他做饭、洗衣，还有人给他生孩子、带孩子，而结婚完全不影响他们什么，他们没有所谓人生转折、职场断层、身材走样，相反他们抽烟、喝酒、出轨……

离婚？还要分割财产，男人才不傻呢。

女人离婚也都大抵出于此。婚姻没有让她们变成更好的人，反而成了男人的保姆，你一定明白那种感觉，怀疑婚姻的意义、自我的意义。

女人想离婚的念头由此而生。

2018 年中国官方统计的最新离婚大数据显示，主动提出离婚的多数为女性，已经占到半数以上，约为 73.4%。

好样的，女士们终于敢对不满的婚姻说"NO"了，这也说明了女人对自己的人生有了更多的掌控权，这种掌控权来自足够的钱和精神的独立。

像这样为了自己而从失败婚姻中走出的女士，你问她们后来都怎么样了?

我会回答你,她们没有一个不是越过越好的。

我认识一个朋友美子,今年 35 岁,最近她终于离婚了。

结婚 3 年,刚有了一个 1 岁半的女儿,她说:

"你知道吗,我们已经分房睡好久了。"

老公说怕自己的鼾声吵到她,但是她知道这只是借口。

有一次,她发现丈夫一直盯着自己,以一种嫌弃的眼神。的确,怀孕生产以来,她的身材发生了很大的变化。从之前的"窈窕淑女",变成一个身宽体胖的"壮士"。

肚子上还留下了触目惊心的妊娠纹,自那之后,老公甚至不碰她了。

曾经美子也怀疑自己是不是已经完全丧失了魅力,但她看着镜中的自己,皮肤依然光滑,头发依旧光亮,她觉得自己的生活本不该如此。

她开始有意识地节食,在孩子睡着之后,练瑜伽、做运动,她想找回以前的自己。

以前,她将大部分的时间都放到老公、孩子身上,现在她不想让自己那么累了。房子没有打扫就没有打扫吧,改天约个钟点工,就一起收拾了。

老公下班回来,她并没有做晚饭,那就出去吃吧。

周末她跟姐妹约了 SPA,就把孩子丢给老公,让他也享受一下育儿的"快乐"时光。

渐渐地,她脸上的笑容变多了。丈夫自然看到了她的变化,对她的态度也好起来。

等到女儿开始上幼儿园的时候,她已经恢复得差不多了,找到了新工作,然后她将离婚协议放到了丈夫面前。

丈夫不解，她后来说：在我最需要他的时候，他没有陪在我身边；等我渐渐好起来的时候，他又对我殷勤。但是他之前令人失望的种种行为，是不应该被原谅的。

受不了最差的我，也没资格拥有最好的我。

她曾说过一句话，原来在婚姻里，她像一只毛毛虫，离婚让她变成了一只蝴蝶。

重新恢复单身之后，她努力工作赚钱，并在这个过程中遇到了一个与她志同道合的追求者，不知比原来的生活快乐多少倍。

《离婚律师》里曾说："离婚是为了离开一个不值得爱的男人，这不是咱们的损失，是他的损失，因为他永远失去了一个爱他的女人。只有离开一个错的人，才能遇见那个对的人。"

既然选择了离婚，就要下决心将自己的生活过得比原来好。

否则不小心被那个叫"前夫"的人看到，会嘲笑你"看吧，离婚离个啥劲"。做人姿态要好看，离婚后的姿态也要好看。

自从离了婚，她的人生像开了挂一样。

我的朋友圈中还有个叫青青的女孩，她如今 36 岁，曾讲过一个自己的故事。

有一天，她跟老公从商场出来，门口停着一辆豪华跑车，老公指着车对她说："你看，你永远都坐不上这种车的副驾驶吧。"

青青白眼翻到天上，内心火大得要死，情商负分的老公到底是在说自己无能，还是变相说她丑呢？

当然，这样的老公根本谈不上奋发图强，下班回到家不是打游戏就是看直播。有时候她实在看不下去了，就拉着老公说有一个项目，要不要试试一起来做。

老公看都不看一眼，直接说："行了吧，我哪是做生意的料。"

这样的时刻多了，从失望到死心，有时候就是一瞬间的事。某一天，青青实在忍受不了了，终于在一次争吵之后，脱口而出那句想说了很久的三个字——离婚吧。

老公愕然地问为什么，青青回答，没什么，坐久了你的普通轿车，我想坐××跑车了。

青青真的很争气，离婚后她用手里的钱拉项目，找投资，自己开始创业当起了老板。

凭着自己的一股狠劲，青青的生意渐渐有了起色。虽然离了婚，但是不乏有大批追求者拜倒在她的石榴裙下。

青青重新坠入爱河，两个人兴趣相投，而且都喜欢拼事业，很快就领证了。结婚的时候，老公送她的新婚礼物便是一辆超级酷炫的跑车。

人生，有时候真是令人意想不到啊！

当然，对于弱势的女人来说，这种离婚后的翻身人生是她们想都不敢想的，她们只会蜷缩在婚姻的保护区里，毫无还手能力。

而对于那些敢于离婚的女人来说，她们从来都不怕重新回到一无所有的生活，因为她们随时都有东山再起的能力。

世界上不乏女人离婚后过得不如以前的故事，但是也有离婚后宛若新生的故事，你不相信，那是因为你的眼界、心智、能力都没有达到。

离婚从来就不是一件可怕的事情，可怕的是你从来都不肯为自己的人生负责，也没有实力去追求与众不同的人生。

知乎上曾经有这样一个问题：那些离婚后的女人，最后都过成了什么样？

令我印象深刻的一个回答是这样的：

"简直不能更好了！没离婚之前，我不开心，孩子也受到影响，现在离婚了，把自己调整好了之后，孩子也比原来阳光多了。我每周带她出去玩，人人都说这姑娘阳光开朗，完全看不到父母离婚对她产生不好的影响。

"我自己也有了时间拼工作，看电影、健身——从前的兴趣都慢慢捡回来了。远离性格不合的人，我自己的心情也变好了。一年不见的同学妈妈说我变化好大，变得年轻阳光了！所以，离婚对我来说是特别好的事，大大提高了我的生命质量。"

记住，你的人生很贵，不值得浪费在不值得的人身上。勇敢离开，才能改变一直以来都不尽如人意的命运。

况且，离婚从来不是一个贬义词，如果说一个人的人生因为离婚变得灰暗，那我觉得即使不离，她的婚姻生活过得也不会有多好。

上至明星，下至普通人，都会遭遇离婚，但是能量强大的女人，会告诉你，男人离开我，是他自己的损失，而我的人生依旧风生水起。

正如离婚后的张柏芝说："离婚之后，我没有放弃过爱情，也没有放弃过我的生活态度，我就尽我的努力把自己的人生活得更精彩，把我的两个儿子照顾得很好。一个女人如果真的清楚自己要什么的话，根本就不需要依赖一个男人。"

因为要过一种什么样的生活，决定权从来都在自己手上。

若你还要问什么样的女人在离婚后更容易重生？

只有这一种：永远对自己充满自信，不畏惧、有胆识、有魄力，不断调整自己的状态，努力解决生活中的所有难题。

唯有这样的女人，即使遭遇风雨，也能在风雨之后起舞，把自己的人生过得越来越好。

离婚时的四大陷阱，所有女人都忽略了

文 / 崔素贞

咨询室里：

男 1：从没想过我会这么放不下孩子，我以为只要多陪陪孩子，就算离婚，我和他妈都爱着他就行了。可是，当我早上醒来看到他趴在床头，就那么看着我……5 岁多的孩子，他应该不知道怎么表达吧，但他一定是需要我的。我要为孩子的成长负责……

男 2：我考虑好离婚后也跟孩子谈了。孩子开始不能接受，但看我和她妈经常吵，也接受我离开，只要求我能多回来看看，这个我还是可以做到的。我想过一段时间，孩子应该也就适应了……

孩子总是能触动我们内心最柔软的那根弦。

离婚，如何做才能把对孩子的伤害降到最低？

作为一名婚姻家庭咨询师，我会从心理角度来跟你捋一捋这个问题。

离婚时，孩子需要的是什么

在家庭治疗中，孩子几乎都会谈到他的家庭、父母的关系。在婚姻治疗中，几乎所有婚姻不幸的成年人都会描述自己童年的家庭生活。

有的来访者说，看到父母吵架时，自己是无助和痛苦的，又觉得在父母的世界里，自己是不重要的，只能压抑自己的需求，不去打扰他们。

如果父母是痛苦婚姻的坚守者，仅仅是"为了孩子"而勉强维持婚姻，那么孩子会不得不看着生命中最重要的两个人互相伤害……

上面提到的两位父亲在做婚姻选择时，也都提到孩子给自己带来的影响。那么对孩子来说，他需要的到底是什么呢？

不论父母是离婚、分居，还是坚守婚姻，只要他们表现出对彼此的敌对，孩子都会一样地感到痛苦。

因为无论离婚与否，父母的婚姻氛围都为孩子提供了一个赖以生存的情感生态环境。就像自然环境中的空气、水和土壤会影响小树成长一样，父母关系的好坏也决定着孩子的情绪健康。

而在婚姻中，真正对孩子造成伤害的不是父母之间的冲突，而是他们处理冲突的方式。

关系出现问题的病因

关系中的很多问题都是共性的，无论是亲密关系还是亲子关系。

在一段婚姻关系里，太太抱怨说：

他从来都不考虑我的感受。不管我怎么说，他都是漠不关心的样子。看到他我就来气，然后就会大吵一架……

先生说：

她见到我就是各种指责，我还能做什么？除了不说话，就是走开。我总不能一直在那被骂吧？

我们看到两个人的需要都被掩盖在愤怒的情绪之下，而用生气或破坏性的方式去面对关系中的问题，只会导致关系越来越恶劣。

这种关系里缺乏三种能力：

情绪感知能力；

共情能力；

协同解决问题的能力。

这三种能力在我们处理亲密关系和亲子关系中都是非常重要的。

离婚对婚姻来说是一个终结，但对于个人来说，我们要评估自己在离婚的过程中有没有真正具备这几项能力，这样才可以更好地面对亲子关系。

婚姻不幸福的夫妻会认为：守护一段痛苦、毫无希望的婚姻或许比离婚要好一些，但几乎所有的研究结果都对此给予百分百的否定。

严重的婚姻冲突给孩子带来的伤害与离婚一样严重。

换言之，让孩子受到伤害的不一定是离婚本身，而是父母间敌对的状态和恶语相向的行为，这种状态在父母离婚以后还有可能会继续。

离婚后降低对孩子伤害的常用策略

A 女士和先生离婚后，一人带着 10 岁的儿子离开原来生活的城市。本来很贴心、很懂事的儿子是同意跟妈妈一起生活的，但最近问题频出。儿子先是在家里找碴儿跟妈妈生气，再是影响了学习。

年前儿子想回老家看爷爷奶奶，但爸爸和妈妈意见冲突，孩子和妈妈大吵一架之后离家出走。

妈妈筋疲力尽，感觉自己像被抽空了一样，离婚带来的阴影还没处理好，就遇到现在的状况，于是，她约了心理咨询。

我帮 A 女士梳理了情绪后，与她沟通了孩子的心理现状，帮她看到了孩子的无助和恐慌。回家后，A 女士重新跟儿子进行了有效沟通，最终孩子跟妈妈和解了。

离婚后，面对孩子的种种挑战，我们要怎么办？

策略一：为家庭生活划清界限

如果婚姻中一直有冲突，我建议父母可以将婚姻生活和亲子生活分开。

通过这种方式，父母在脑海中可以鲜明地区分自己的两种角色：父母角色和冲突中的配偶角色。

作为父母，我们应该尽自己的一切努力，让孩子感到安全，让孩子拥有父母两人的爱。

策略二：矛盾解决时，让孩子知道

孩子看到父母争吵时会痛苦，当知道爸爸妈妈达成和解时，他也会感到如释重负。

不同程度的和解，对孩子也有不同的影响。比如，看到父母互相道歉达成和解，孩子的反应会更积极一些。

策略三：为孩子建立情感支持网络

当孩子经历了家庭冲突和父母离婚后，他出现犯罪行为的概率也更高。

这时候即便是自顾不暇的父母也应该花费精力去关注孩子身边的朋友和他所参加的活动。如果能有可靠的大人在这时候为孩子提供指引，或者通过课余活动来帮助他排解心情，如运动、艺术活动等，都会让孩子得到情感上的支持。

策略四：帮助孩子表达感受

在你情绪相对平静的时候，你可以安排一个时间，和孩子谈一谈了解他对家的感受。我们会发现孩子内心潜藏的恐惧可能是我们未曾预料的。

他担心父母离婚，担心再也见不到其中一个人，担心自己以后要住哪，甚至担心自己可能就是父母婚姻矛盾的罪魁祸首。有时候他也许都不知道自己到底在恐惧什么，但就是惶恐不安。这时你可以帮助孩子表达自己的感受，或者带孩子专门去找家庭辅导师。

与孩子谈论离婚，是件很艰难的事，甚至你无法开口，也无法预测他的反应。但要想识别孩子的情绪，坦诚的沟通是拉近父母与孩子距离的最好途径。

策略五：关注孩子日常的生活

保护孩子，降低离婚给他带来的负面影响，关键在于在情感上给予孩子全面的支持。

当父母的世界发生翻天覆地的变化时，孩子的日常生活却还要继续。

比如，小孩子可能对新来的保姆感到紧张不安，或者因为换了一个家而无法入睡，年龄稍大的孩子可能对新的学习环境比较抵触，等等。

如果父母能在应对婚姻矛盾之余，抽出时间就孩子的这些日常问题与孩子进行沟通，父母就会跟孩子建立一条稳定的纽带。

离婚后的常见陷阱

陷阱一：把孩子当武器

我相信每个父母都很珍惜与孩子的感情，也正因为如此，当生气的时候，有些父母就会借用这种感情来伤害对方。

离婚后，拥有监护权的一方也许会限制前任配偶看望孩子的权利。

特别是因为对方背叛自己，而自己又无力反抗时，个体就会把孩子当作控制对方的手段。通过说对方的坏话，或在离婚时，让孩子选择和谁站在一边，来达到报复对方的目的。

父母中的一方故意让孩子疏远与对方的关系，是家庭冲突中父母对孩子做的最残忍的事情之一。

陷阱二：把孩子拉进婚姻的战场

很多父母在离婚前后，都希望孩子站在自己这边。如果孩子经常被卷入冲突中，他会逐渐觉得自己对家庭矛盾有责任，也应该负责修复家庭关系。

但事实显而易见，对于维持父母的关系，孩子几乎什么都做不了。这会让孩子变得无助、困惑和挫败。

如果离异父母中一方利用孩子来攻击另一方，孩子就会像足球赛中的足球，被踢来踢去。在这场比赛中，真正的输家是孩子。

陷阱三：让孩子做父母的调停者

如果孩子还很小，要让他知道，他无须去照顾自己的父母，告诉他，这是成年人自己需要解决的问题，并向他保证，家里的每个人都会安然无恙。

如果你的孩子已经足够大了，你的谈话可以更深刻一些，但也要传递同样的信息——爸爸妈妈之间的问题需要自己来解决，你不需要为此负责。

研究者表明：

当孩子足够大，能理解父母争吵的内容时，如果听到父母争吵的内容跟自己有关，他就会感受到更多的羞愧、自责和害怕。

你应该告诉孩子，关于这件事该怎么做，爸爸妈妈有不同的意见，但这并不是你的错。

陷阱四：让孩子对另一方保守秘密

这样的行为会成为家庭关系中骗局的示范，只能让孩子觉得，家里人都是不值得被信任的。孩子需要知道，即使爸爸妈妈意见不合，两个大人也会为孩子着想，努力让事情好转。

父母离婚后的前两年，对孩子来说是最艰难的时期。

这个阶段，父母最重要的工作就是帮助孩子应对消极情绪，通过感同身受地倾听孩子的心声，帮助他处理自己的愤怒和悲伤等情绪，做好孩子的情绪同盟，陪孩子坦然面对危机。

不论父母幸福地生活在一起，还是离异，只要父母双方都充分融入孩子的生活，孩子就会幸福地成长。

在父母已经离婚的情况下，共同养育这件事会变得棘手，但只要父母把养育孩子当成共同的事业，孩子就会从中受益。

那些儿戏婚姻的人，后来都怎样了？

文 / 火小柴

离婚第一年："我不敢关灯睡觉"

阿晗跟老公 5 年的婚姻，前两年一直无法磨合，什么事都能吵起来，天天吵，天天怨。

老公又随手把衣服扔在床上，把臭袜子塞到茶几下面，没冲干净厕所……

每天都是这些小事，说了八百遍，每天睁眼就是吵架。

也不是什么家暴、赌博、出轨这些婚姻重疾，只是一些细小的矛盾，让她像是浑身长满虱子，甩也甩不掉，就那样待着，又哪哪都不舒服。

后来吵累了，大家都厌倦了，干脆分房睡，绝对不待在同一个空间里，谁也别想管谁。

于是，后面的 3 年，两人根本就不沟通，有时候一起坐在沙发上都互相嫌尴尬，无话可说。

那时候，阿晗就想离婚了，恨不得老公赶紧出轨，干脆地离了。

3 年以后，这事还真发生了。

那天，阿晗坐在沙发上，手机没电，拿着老公的 iPad 看电影，好巧不巧，收到一条短信："老公，昨天超开心，你什么时候再来呀？"

阿晗当时特生气，站起来，就把 iPad 往老公身上一摔，说："离婚吧。"老公没同意，解释："就这一次，原谅我吧，以后不会了。"

第二天，老公回家，阿晗继续骂，继续提离婚。老公沉默。

第三天，老公回家，阿晗仍是继续提离婚。这次，老公立刻同意了。

阿晗愣了 3 秒，才反应过来。

那一瞬间，像是压在身上的一块巨石突然被卸下，阿晗松了一口气，可心里又怪怪的，觉得少了些什么。

刚离婚那会，她感觉特爽。

离婚前，前夫不喜欢出门，阿晗也很少出门玩。离婚后，她天天跟朋友逛商场，看到想买的不用想到另一个人，自己爱买啥买啥，想几点回家就几点回家。

差不多一个月吧，阿晗热闹地活了一阵。

一个月后的一天，碰上换季，半夜，阿晗烧到 39 度。

她给朋友打电话，没一个人接，估计都睡了。犹豫了很久，她给前夫打去电话，问他能不能来看一下自己。

前夫立刻来了，把她送去医院之后，还陪了一夜，郑重跟她表示："我跟第三者断得干干净净，能不能再给我一个机会。"

那天以后，阿晗才意识到，每个人都有自己的生活。

可看看自己，30 多岁的年纪，一无所有，就只好反复地问自己："我的生活去哪了呢？"

独自在家的时候，寂寞侵袭而来，阿晗常常失眠，好长一段时间不敢关灯睡觉。

她试过相了几次亲，却从心里面觉得，经历了一段失败的婚姻以后，已经不期待再和谁在一起了。

前夫一直试图挽回双方的感情，只不过阿晗犟。打电话，不接；发微信，拉黑。

半年以后，前夫也放弃了。

直到两年以后，听说前夫要结婚了，这时，阿晗慌了，疯狂地发消息，打电话，去他的家里大吵大闹。但是，一切都晚了。

不合适就换，离婚真的有用吗？

像阿晗这样"快离婚，慢后悔"的人，不在少数。

国家统计局的一份数据显示，1997 年到 2016 年间，中国离婚人数在不断增长，但奇怪的是，复婚人数也在增加。

20 年内总计有 295.8 万对夫妇，选择了复婚，仅 2016 年，就有近 40 万对夫妻选择复婚。

什么样的人容易在离婚之后后悔？

一个很重要的特点是：没有能力走过权力斗争期的人。

每一段婚姻，都要经历权力斗争期。

有句话说：即使最美好的婚姻，人们在婚姻生活中也会有 200 次离婚的念头，50 次掐死对方的冲动。

这就是在说权力斗争期，这个时候，我们都希望将彼此改造成心中理想的另一半。

"他总说一些让我不开心的话，可我希望他能多夸我，多逗我开心。"

"他总是不怎么做家务，总是不按我的要求去做事情，可我希望他爱我，和我一起分担家务，就算我不说，他也能乖乖做好那些我希望他做的事。"

"他总是不上进，回家就玩游戏、看电视，可我希望他回家能看看专业的书，考个证，多为将来做打算。"

改造不成，这些不同就变成了抱怨、命令、要求。对方却总是逃避问题，对方一逃避，自己就更生气。

积累两三件小事，就会爆发一次争吵。阿晗和老公结婚前两年就处在这个阶段。

走不过权力斗争期，矛盾无法解决，情绪长期积压，就进入了冷漠期，也就是阿晗和老公后来无话可说的三年时间。

冷漠期是出轨和离婚最容易发生的阶段。在离婚原因中，"夫妻双方无法沟通、感情冷漠"占六成左右。

可换个人，就能换来幸福吗？

还有一个数据是：人们第二次婚姻的离婚率高达 60%。

也就是说，很多问题并不会因为换了一个人，就自动消失了。

面对矛盾，有些人将所有问题归罪于对方，有问题了不解决，感情坏了也不修补，以至于问题不断恶化，最后想修补也无能为力。

于是，干脆扔了，换下一个。因为对他们来说，换人可比解决问题简单多了。

可他们不知道，那些想要绕过的坑，终会在未来再次出现，绊住自己的脚，而那时，只剩下满心后悔。

离婚的关键词：重建

如果你还在婚姻中，不知道是否应该离婚，不用急着摆脱它，也不用急着做决定。你可以停一停，看看你们的婚姻怎么了，全面的分析与考虑之后，确保离婚是你深思熟虑之后的选择，而不是一时的盲目冲动。

如果你已经离婚，有些后悔，可以先试着去重建你自己和你的生活。

结婚，是从"我"变成了"我们"，你获得一些东西，同时，也会失去些什么。

离婚，是一刀挥下，从"我们"再次变成"我"。

离婚之后，有的人净身出户，交完房租之后连吃饭的钱都不够；

有的人面对的是周围的指指点点和异样眼光；

有的人把自己当成罪人，恨自己没有给孩子一个完整的家；

有的人面对的是对未来的不安与迷茫。

但只有真正面对离婚让你失去的不悦，你才会真正明白自己在婚姻里丢掉了什么，学着重新去捡起那个自己，重新往前走。

重建之后，如果你仍旧想要复婚，想要再给彼此一个机会，那时候，以更好地姿态，站在对方的面前吧。

在这里，幸知也想多嘴一句，我们要慎重对待离婚，也慎重对待复婚。并不是所有的婚离完以后都可以修复的。如果我们没有解决好过去婚姻中存在的问题，那么复婚只是回到过去的痛苦中，不代表事情会有根本的改变。

当然如果我们下定决心离婚并且能够一步步重建强大的自我，那么也不要犹豫，不要回头。更大的世界，更好的自己，更加美好的另一半，终将在生命中出现。

每个人都有自己的渴望，我们的参照物是谁，决定了我们最终成为谁。

如果离婚，孩子怎么办？

文 / 蘑菇姑姑

上周参加闺密聚会，遇见 DY，问她最近如何，她叹了口气，我们就知道她要说什么了，果然，她一如往常地说："我还是总想离婚，怎么办？"

问题是听她说要离婚好几年了，也没见她有动作。

DY 与丈夫是相亲认识的，没见几次，一想两人年纪大了，各方面也都相匹配，就结婚了，刚开始生活还行，可是在她女儿 2 岁的时候，因为一件小事，丈夫竟然对她动了手。我们都以为她会因此而离婚，谁知不久之后她竟然怀了二胎。

生下二胎不久，他们还是经常吵架，丈夫的态度是避而不见，夫妻俩经常冷战。"都这样了，你早就该离婚了。"闺密们都说。

DY 摇头叹了口气，开始诉说自己不离婚的理由……

不离婚的理由

第一个理由：没有钱，娃还小，离了婚怎么活？

她有两个娃，且为了带两个娃，已经辞职一段时间了。两个娃都还非常小，小的还在喂奶，甩手不管她做不到。

如果离婚，他们的开销以及养育任务都是重担，都要压在她一个人身上，这是非常大的压力，她一个人应付不来。

第二个理由：孩子需要父亲

虽然老公帮不上什么忙，但是他在那里，偶尔还可以叫他干点事，娃生病了总有人搭把手……而离婚了之后，孩子会知道这个家庭里是没有爸爸的，这对孩子也是一种心理伤害，即使我能适应，对他们来说还是不太好……

第三个理由：既然对婚姻失望了，那换个男人也是大同小异

她说婚姻就是捆绑，即使你喜欢吃巧克力，天天叫你吃个够、只准吃巧克力，你还能喜欢吃巧克力吗？婚姻就是这样的。两个人被捆绑在一起，这个设置本身会毁掉一切感情。理论上说，就算换了一个男人，但只要是捆绑，那结果可能都差不多。

悲观的 DY 认为，既然如此，那我也不要轻易换人了，反正只要结婚了都差不多，换来换去也麻烦。

我的天，真是不幸的婚姻出哲学家。普通的家庭主妇 DY 说出的这三个夫妻关系这么糟糕还不离婚的理由，我竟无力反驳。

她说出了现代婚姻的三个本质作用，合作养育、财产私有制、一对一绑定的安全感，对现代人来说，失去了哪一个，都是沉重的打击。

因为在现代社会中，尤其是对女性，离异再婚的机会、经济发展的机会、养育的社会支持，都是不够的。

所以对于女性来说，在一段糟糕的婚姻里，她即使心如死灰也很难下定决心离婚，不是因为还爱丈夫，而是因为生存的无力感和对感情的灰心。

我身边有很多女性朋友都曾经对我说过，自己心里有过 100 次离婚的念头，但都"凑合"过了下去。正如那句"总是在买菜刀的路上买了菜回家"，这也许就是今天大多数不幸婚姻的常态。

依赖模式：离不了婚，因为人格不独立

想离婚的具体理由当然有很多，涉及每段感情的独特性。但最终离不了婚，留在一段糟糕的关系里，大体上都有一个很本质的问题，就是恐惧。

恐惧独立，恐惧一个人面对未知的困难。不是此刻有多好，而是一旦离开此刻，却不能确定下一站在哪里，因为那个未知比眼前的黑暗更让人无助。

所以离婚，要面对的不仅仅是现实难题，更是一个心理上的信心问题。

前段时间有一条新闻，一女孩在英国留学时惨遭男友杀害。她在英国留学期间，遇到了在酒吧工作的男友，和他恋爱了。她爱他，给他交房租，买车。

但两人交往不久，女孩便发现男友有暴力倾向，男友会经常对其进行殴打，并辱骂她"一文不值"，常常说她"不值得他付出"。但即便这样，女孩还是没有离开男友。

案发当天，女孩去伦敦看望朋友，晚上男友把女孩从火车站接回家，然后开始抱怨她不关心自己。后来两人吵了起来，接着男友对其拳脚相加。在女孩睡着后，男友仍继续殴打对方，直至将她残忍打死。

一个富家女，15 岁就到英国留学，会 3 种语言，这本是一个优秀的、有灿烂未来的女孩。然而她在持续遭到殴打时还选择留在糟糕的男友身边"无私付出"！为什么？

因为决定我们留在一段糟糕的关系中的，可能是自己心中病态的依恋情感模式。

女孩从小的成长环境，让她觉得非常孤独。父母忙于生意，她很渴望被人关怀、有人陪伴。所以交了男友后，她一想到分离，就觉得不能忍受，甚至宁受挨打都要"被人收留"。

就像《被嫌弃的松子的一生》这个电影里，从小缺爱、拥有讨好型人格的松子说的那样，只要男人愿意接受我，我就觉得我是幸福的，否则就觉得自己一文不值。为此，她其实不太注重男人的本质好不好，她关注的是一段关系的维持对她本人的意义。

她的自我价值来自找到了一个情感"连接"，哪怕那个连接是病态的。因为没有人"收留"，她就感觉不到自我价值。在这样的情况下，即使她知道对方是一个不够好的人，也会说服自己留下来。

自我价值：你相信自己配得到好的感情吗？

DY 所说的男人都差不多，只要捆绑在一起生活，最后都会一样，只对了一半。

在感情中我们经常会犯的一个错误，就是小数据偏见。即实际上我们只交往了几个异性，我们却很习惯说"男人都怎么样""婚姻都是怎么样"。

其实，人和人的差异很大，在情感关系的探索中，捆绑的设置肯定会带来一些去理想化的东西，但实际上，和什么样的人捆绑，本质还是不一样的。

世界上其实有优秀的人，只是你在过往的人生中没得到过，于是你就习惯性地说"没有这样的人，没有这样的感情"，因为这样能合理化你所受的苦，让你感觉好一点。

然而，世界上好的感情其实有很多，只是你会习惯性地关注身边那些不好的感情，来平衡自己的不幸福而已。

有很多人宁愿守在糟糕的关系里，正是因为本心对于美好的不相信，觉得自己其实不配得到那么好的感情，想都不敢想。

可能这就是糟糕的关系给你的最大限制。

我曾经有一个来访者小 U。她大学刚毕业，来找我是因为就业压力很大，很抑郁。当时的她萎靡不振，对自己极度没信心，每天都在怀疑自己是否能找到好的工作。

随着咨询的深入，我了解到她的这种自我印象，来自她的男友。这个男孩经常会有意无意地打击她：腿粗，长相不好，太胖，本科不是名校毕业 …… 甚至会说前女友如何如何好。"就你这样，竞争中一点优势都没有！"

几乎每天被男友进行打击之后，她就越来越离不开男友。她觉得，他是那么优秀，而她这么弱小，什么也做不好，离开他到哪里才能找到这么好的人呢？

这时候男友就会说"放心，我会管你的，你还是要靠我"。

一段糟糕的关系往往会让你的自信低到尘埃里。而当你的自我价值设定在某个范围之内时，你就限定了自己的选择，在情感上不是开阔了，而是狭隘了。

这正跟我们在生活中被压抑太多有关系。因为生命力本身没有被允许长起来，所以我们很难相信自己会绽放，会值得更好的感情，只敢缩在角落里期待一个（糟糕的）人的"拯救"。

在感情中，我们要有四个"断舍离"的思维

没有分不了的手，也没有离不了的婚，只有不想分和不想离的人。如果你想离开一段让自己痛苦的关系，或者说哪怕你在一段幸福的关系里，你都需要保持随时能够对这段感情进行"断舍离"的能力，只有在能随时离开的状态里，你才能够真正自由地、开放地爱他人。

以下四个思维你有吗？

你拥有说不的能力吗？

这个世界上最大的自由不是你想做什么就去做什么，而是你不想做什么的时候，能说不。

而说不的能力其实就是一种选择自由的权利。婚姻不是只准入，不准出的，它有退出机制，那什么时候该退出？你有自己的底线吗？

当你的婚姻触及你的底线，你能掉头就走，拥有这样的自由能力，你才真正是独立的。这样自由出入的背后，有经济的独立和人格的独立作为基础。

没有人能让你放弃自己的人生，即使是孩子，这个信念你有吗？

为了孩子留在婚姻里是一个糟糕的理由。孩子会有自己的人生，他有自己的选择，即使他要面对父母离异和单亲家庭，也不代表必然会受到伤害，只有对离婚的不妥善处理才会伤害到孩子。而你先要顾及自己的人生，才有能力做一个好妈妈。

及时止损，你知道那个止损点吗？

糟糕的关系永远需要及时止损，你已经花了很多精力在一件糟糕的事情上，这意味着你要马上放弃，而不是用更多的错误来证明这个错误是对的，且实际上也永远证明不了。在关键的时候，你一定要理性、清醒地保持及时抽身的能力。

你不会因为离婚觉得自己失败吧？

离婚，不一定是一件坏事。有人说现代社会中离婚可能是最上进的事，因为这意味着我们不愿意再凑合，意味着我们对生活有自己的追求，所以我们才勇敢离婚。

离婚所需要的勇气比结婚大多了，只要这是一个正确的决定，你就应该肯定自己。

所以，其实真的没有必要害怕失去一段关系，如果这段关系不能滋养你，那么失去它，是一个新的开始。要知道，离不开一段糟糕的婚姻，很可能你也无法鼓起勇气离开一份不合适的工作、一种不合适的生活。

不管离不离婚，每种生活，都有代价

这个世界上，永远只有少数人，真正过上了他们想要的生活，他们就是——认清了生活真相之后，依然热爱生活并且勇敢选择的人。

如何在亲密关系中自处？

文 / 于琦

有时候，嫁给一个人，可能就是嫁给了他全家

"于律师你说说，我到底是嫁给了他，还是嫁给了他全家？"问这句话的是何丽丽。她跟我讲了他们夫妻两个人的经历：

大学时候他们就认识了，胡帅当时以"酷"著称，他是学生干部，每年都拿一等奖学金，但是对女孩子，他却爱搭不理的。

其实他也不是不理，是理不起。胡帅的妈妈有轻度残疾，他是家中的老大，下面有一个弟弟两个妹妹，全家就胡帅爸爸一个人挣钱，所以他从大二就开始做家教，19岁以后就没伸手要过家里的钱。

何丽丽对胡帅有意思的时候，同宿舍的闺密提醒她："他家里穷，你们以后负担会很重。"

那时候的何丽丽，谁劝都听不进去，她想的是：这么靠谱的男人哪里去找？又孝顺、又勤劳，靠双手挣钱，远比啃老的男生好得多。于是他们大学刚毕业就结婚了。

第一套房子是胡帅单位分的，装修的钱都是何丽丽家掏的。

房子一下来，就成了胡帅老家的驻京办。

短短两三年，共接待胡帅家的亲戚 20 余次，不是今天弟弟来北京找工作，就是妹妹来北京玩，或者是姑姑、大爷来北京治病，一开始何丽丽没说什么，还常常请假陪同，光是天安门，何丽丽那一年就逛了 5 次。

何丽丽一直忍，她想着生了孩子会好些。

结果她生了个女儿，说好要来北京伺候月子的婆婆，现在却说自己的脚有问题，没办法照顾，最后还是何丽丽的妈妈来照顾。

更让何丽丽崩溃的是，她准备生孩子用的住院押金，被胡帅偷偷寄给了妹妹（他事后说，妹妹没钱会辍学），都没找她商量一下。

月子里两个人就开始吵架，何丽丽说："为啥你家里，人也不出，钱也不出？"胡帅怼她："我是长子，家里就应该有长孙，你自己不争气，怨得了谁？"

以前何丽丽大大咧咧，都是自己挣钱自己花，等她开始考虑离婚的时候，她才发现，胡帅寄钱给弟弟妹妹是常事，一年内不下 10 次，可何丽丽不但要自己挣钱养活自己，娘家还要倒搭。

只要何丽丽一质问，胡帅的解释就是："城里来钱容易，老家哪有进项，这不也没有饿着你们娘俩吗？"

何丽丽下定决心要离婚，找我咨询法律问题的时候，两个人的关系已经水火不容。

结婚前的何丽丽，天真地以为，结婚时只要我爱他他爱我就足够了，父母、兄弟姐妹、亲朋好友的问题都算个啥？

结了婚她才明白，嫁给一个人，很多时候就是嫁给了一个家庭。选择了一个勤劳、靠着双手挣钱的"凤凰男"，就要跟他一起背负家庭的重担，这是为选择付出的代价。

他家的资源，会影响到你们小两口 10 年内的生活质量。

他家父母的相处模式，会延续到你们夫妻乃至下一代身上。

想挽救一个男人？醒醒吧

调查显示，"赌博、酗酒、社交能力强"三样齐备，出轨率百分之百。小琴老公就是这样一个男人。

小琴是单亲家庭长大的孩子，妈妈怕她受伤，什么人都不让她接触，小琴也从小就特别听话。

小琴和老公其实在她爸活着的时候就认识，只是后来他们家从商了，两个人来往就少了。

长大后再次见到他时，小琴二十几岁，他那时意气风发，小琴被深深迷住了。因为，他过着与小琴完全不一样的生活。

小琴在 25 岁时，被他第一次带着去夜总会，在那里，他与一个女人十分暧昧地说话，小琴坐在一旁不敢抬头，假装玩手机。

过了一会儿，小琴觉得自己在现场不合适，假装出去上厕所，回来发现，他们俩还在那里，并且姿态更加亲密。

又过了 10 分钟，小琴实在难熬，站起身小声说："我想回家，你跟不跟我走？"

他扔下那个女人，大声吼："你这个女人，好没有情调啊，真扫兴。"

回到家小琴哭了很久，不知道跟谁说，于是她给未来的婆婆打电话告状，结果婆婆说："就是因为你没有气场，她才这么嚣张，如果你气场强的话，人家敢吗？我儿子说得对，男人最忌讳的就是丢面子，大庭广众的！"

那一刻，小琴觉得，的确是自己的问题，在他们家人眼里，小琴才是个怪胎。

小琴婆婆每天早上 6 点起床，穿衣打扮，公公没有见过她素颜的样子。她直到 60 岁，连生病上医院，也要穿 8 厘米的高跟鞋，而且会把所有的首饰都戴着。

后来小琴才知道，婆婆被诊断有严重的抑郁症。

小琴觉得她老公也有，当他还是小琴男朋友时，小琴就感觉他活得非常累，每天交际应酬到半夜，晚上回来睡不着，一直到凌晨四五点才能入睡，白天基本都在睡觉。

他食道反酸，最忌讳喝酒，可他依然喝酒、打牌、熬通宵，好几次还喝到吐血。小琴不忍心看着他糟蹋自己的身体，小琴想，等我嫁给他了，一定好好照顾他，给他做饭，把他的胃病养好。

小琴结婚后，才知道他之前有个已经怀孕的前女友，听说他们办婚礼，气得堕胎了。

前女友堕胎后，他很伤心，要跟小琴离婚，小琴死活不同意。他便提出，他要两个老婆两个家，小琴不甘心却也依了他。

小琴那时候觉得，爱，是可以融化一切的，只要自己全力满足他，他会看到自己的付出，哪怕他是浪子也早晚会回头的。

对，那时候小琴就像一个"圣母"，想挽救一个失足的少年。

他让小琴和他的前女友见面，他说"我要看着你们俩成为姐妹"，小琴真的去了，她想，大度，会感化他的。

那个女人笑着告诉小琴"你应该感谢我，我帮你挡住了多少第三者"，然后把故事一一讲给小琴。

吃完饭，他就带着那个女人去宾馆，把小琴一个人留在饭店里。

他赌博输了，做生意赔了，外头有巨大的资金缺口，小琴跟她妈讲，她妈把老底都拿出来，小琴还用她妈的房子做抵押给他贷了款，钱都拿去给他还债了。

但在这之后，他的女人，多到小琴都数不清。

　　小琴出身于书香世家，从一个单纯的女孩变成如今这样，她都不敢认自己了。犹豫了这么多年，现在她终于下定决心离婚。

　　她以前以为，付出得多，男人就会领情，总有一天，他会痛哭流涕地说"感谢你，要不是你，我根本不会有获得幸福的机会"。

　　可现实并非如此，男主没有变，女主自己却变了。

　　小琴突然想起，高中时候的自己，也总幻想着这样一出戏：一个暗恋自己的差生，因为自己的激励（我会说：你如果想追我可以，你必须考入年级前10名），从此奋发图强，考上了重点大学。

　　然而当时小琴长得不好看，根本没有差生暗恋她！喜欢劝浪子回头，这是很多女孩子的通病。

　　但结婚后才发现，浪子还是浪子，她却变成了自己讨厌的样子！

没有一个男人有义务"像爸爸一样"爱你

　　很多女孩子都天真地说，结婚前他对我可好了：天天接送我上下班，每天还给我买好了早饭。结婚以后完全变了，不光是没有这些服务了，连甜言蜜语也没有了。

　　婚姻，真的是爱情的坟墓吗？

　　其实，并不是婚姻埋葬了爱情，而是爱里的激情是一种"病症"，让人荷尔蒙上升，激素改变。既然是病，早晚是要好的！难道谁能病一辈子？

　　甚至有"毒鸡汤"说"你一定要找一个像爸爸一样爱你的男人"，还真的有大批女孩相信呢！

　　某位网红，曾天天在网上秀老公有多爱自己，把老公称为"超级忠犬"，她自然成为驾驭"忠犬"的"女权达人"。她的公众号里，一度充满"男生该无条件爱女生"之类的文章，好多女生纷纷效仿，把她的婚姻奉为楷模。

当头一棒的是，后来她瘦了30斤，是因为离婚，这才把鸡汤式的婚姻样板请下神龛。哪个男人愿意被称为"忠犬"呢？哪个男人有心思一直伺候一个女皇啊？

让我这个做离婚律师的来甩句狠话：

你缺爱，明明是自己父母欠下的债，凭什么找一个没血缘关系的男人来偿还？

没有人，有义务像爸爸一样疼你，你已经30+了，连你的父母也没义务还给你什么，要治愈，靠的是自己。你如果把这个期待转嫁给老公，失望是早晚的事。

我有一个客户，三十不到，第二次离婚了。曾经，她的爸爸妈妈多次闹离婚，爸爸打妈妈，总是不回家，很缺少父爱的她，22岁大学毕业就嫁了人，但不到两年第一次婚姻就结束了。

刚离婚，她碰到一个男人，他只是中午给她送过一次饭，她就把这份爱无限放大，感觉又遇到能疼自己的人了。离婚后不到一年，她就嫁给这个无业的男人，自己倒贴婚前房产来住，自己养孩子、养男人，可这一次伤得更深，这个男人不仅酗酒，还家暴，她只好再找律师来起诉离婚，这一告，就是近两年。

她多次跟我讲，自己就是遇人不淑，但她依然相信——"街角有一个刚刚好的男人在等她"（她的原话）。我多次劝她从自己身上找找原因，不过却没有啥用，她只是哭，还觉得我在指责她。

自己找原因，是承担自己人生责任的唯一方法。当你把责任推给他人时，这就意味着你把选择的权利也一并交给了他人。反之，只有自己去做点什么，自己的命运才能由自己把握！

送给这个未婚姑娘一句话吧，也送给所有已婚者：

如何经营亲密关系，是一辈子要学习的课程，活到老学到老。付出这份努力，不仅是为了找到一个好的伴侣，经营一份好的关系，更是为了认清我们自己，好好爱自己！

我 35 岁，刚刚离婚，想告诉你 4 个撕心裂肺的教训

文 / 郭友强

闺密小菲，35 岁，刚刚结束了不幸的婚姻。

她在大学的最后一年，认识了后来的老公。年轻人的爱情总是激情大于理智，当其他同学正在忙着毕业找工作时，两个人就因为有了孩子而选择闪婚。

婚后，小菲全职在家，刚开始她十分憧憬婚后的生活，那应该是平淡中带着幸福。一想到这里，她的脸上总是充满笑意。

作为全职太太的她一心扑在了家庭上，带孩子、做家务、照顾公婆、打点老公的生活，这样的日子让她格外心累，她渴望得到爱人的肯定和关心。

可是婚后老公对她的态度，却有了翻天覆地的变化。

曾经对她百依百顺的爱人，不仅对她呼来喝去，回家只顾着一个人享受，甚至除了偶尔逗逗孩子，对家里的一切不闻不问。

有时候小菲劝他，能不能稍微分担一点家务，老公却总是有许多借口，要么是工作太累，要么是还有工作没处理完。

日子久了，两个人越来越陌生。婚姻变成了交易，除了上班挣钱，

这个男人什么也不做；而自己除了照顾家庭，也不知道能和他在一起做什么。

最让小菲意外的是，自己这么委曲求全，老公却向自己提出了离婚，理由是自己再也给不了他心动的感觉。

其实任何一段感情，都不是突然变坏的，而是一点一点地发生变化，只是很多时候，我们就算发现了也不敢承认罢了。

小菲的婚姻，没有出轨，没有背叛，但看起来似乎很美好的婚姻外壳早已密密麻麻地布满了裂痕。

当一些征兆出现时，如果自欺欺人地选择视而不见，那我们迟早要面对最糟的结局。

对彼此不再好奇

结婚前，是小菲最幸福的一段时间。

老公每天固定的安排就是想方设法地逗自己开心，把小菲照顾得面面俱到，堪称模范男友。

自己那时也温柔体贴，一门心思全都放在了对方的身上。

可是结婚后，这一切就全变了，两人怎么也找不回当时的感觉。恋爱时两人也会吵架，但是很快便会和好；婚后的吵架，双方却谁都不退让，最后不了了之。

小菲经常觉得不断地吵架，会把感情都吵没了。真的是这样吗？

从心理动力学的角度来看，吵架仅仅是一个信号，表示我对你很有兴趣，我想了解你，也期待你了解我，但当时两个人之间的连接被堵住了。

小菲的婚姻走不下去，问题不在吵架，而是在于两个人对彼此都不那么好奇了。

当然这也和结婚前后的心态变化有关。

结婚前：他是怎么想的？他为什么会这么想？我好想了解他。

结婚后：他就是那样一个人，我还不了解他？他就是这么想的。

婚后满满的自信，觉得自己了解对方，吵架的焦点，也就放在了事情的对错上。

执着于对错，婚姻也就开始变味了。双方都据理力争，内心就会开始出现一个声音："他（她）不了解我。"这个声音足够坚定、足够强大的时候，也就是彼此对另一半心死的时候。

而对抗这个声音最好的武器——我们的好奇心，早就消失不见了。

不断地妥协

对小菲来说，也许过早地进入婚姻是个不安定的因素。

因为结婚，她就不得不面对一个问题，要和以前很多的生活内容说再见。

周末几个闺密约着一起逛街，可自己需要照顾孩子，只能告诉自己，照顾孩子比较重要，或者直接否认掉自己想去逛街的想法。

老公也是一样，明明想一下班就躺在床上不起来，可不得不为了房贷和奶粉钱，努力加班。

当双方都为了婚姻生活，不断地牺牲、压抑自己的欲望和需要时，委屈和愤怒也在积累，可能是指向对方，可能是指向婚姻。

不断地妥协、不断地压抑或否认自己的需要和感受，等于尽量不做自己，把自己的一部分牺牲掉，随之产生的必然是内心委屈的不断积累，当心里总出现"凭什么"的声音时，这些委屈便开始爆发了。

小菲夫妻两个人都努力扮演着婚姻中的角色，自己被压抑的需求却无处诉说，只能憋在心里。

当婚姻变成了给自己带来委屈的代名词时，双方也就慢慢不再留恋婚姻了。

谎言摧毁信任

小菲的婚姻里没有不忠，没有出轨。但是夫妻之间的信任还是被一件件鸡毛蒜皮的小事摧毁了。

老公吃过晚饭之后，就斜靠在沙发上摆弄手机，小菲在收拾餐具，并时不时抱怨几句。老公听了之后，就说："我在和同事聊工作啊。"

小菲一开始没有多想，收拾好桌子之后，忽然觉得有点不对劲，走过去一看，老公正在全神贯注地打游戏，还戴着耳机怕自己听到。

吵了几句之后这件事就过去了，但类似的事，却不断蚕食双方的信任。

婚姻中的信任不同于社会生活中关乎经营的诚信，婚姻中的信任更多的是关乎：我是否相信你能接纳我，你是否相信我可以接纳你。

对于生活中很多小事，选择向对方说谎，只是因为嫌麻烦。小菲在看到老公打游戏时，只会唠叨抱怨几句，但并不会阻止他。而老公却觉得麻烦，想用一个微不足道的小谎言来解决。

而谎言无论大小，都是在向对方传递一个信号：我觉得你并不能接纳我，我不信任你。而另一方在接收到这个信息时，也会感受到：我接纳不了你，我是不够好的。

当大大小小的谎言慢慢摧毁彼此的信任时，我们就不再期待对方可以接纳自己了，婚姻也就只剩一个没有内容的空壳了。

心理距离的增加

在离婚前，小菲和我们说过，自从结了婚，感觉一切都变了，她和老公已经很久都没说过心里话了，恋爱时的甜言蜜语，依然可以听到，但总是感觉不对劲儿。

"刚结婚时，我觉得自己的幸福生活马上就要开始了，没想到那时才是最幸福的时刻，以后走的都是下坡路。"

爱一个人时，会不自觉地想要靠近他，想在他身边。社会心理学上有一个说法，一个人面对不同的人，会有不同的社交距离，越陌生，距离越远，而夫妻有着最近、最亲密的距离，心理上的距离也是如此。

在很多人心里，家就是港湾，另一半就是自己的依靠，难过的时候可以遮风挡雨，可以让彼此疲惫的心灵得到休息。如果说夫妻之间的心理距离变远，那么只能证明，这段感情真的遭遇了严重的危机。

而心与心之间的距离变远，最直接的表现就是，很久没有和对方说心里话了。

当然，心里话不是指"我多么多么辛苦，而你却怎样怎样，你一点都不体谅我"这种抱怨指责，说这些只会加重双方的不理解。

心里话应该是不带防御地说出自己的感受，不谈工作，不说孩子，只有彼此，分享那些自己被压抑的感受和委屈，不要嫌麻烦，也不要担心对方能否理解和接纳。

很多人对说心里话都有一个误区，我和对方说了心里话，对方就必须对我说的这些负责，必须对我的感受负责。

　　这是大错特错的。

　　自己的感受只有自己能负责，另一半只是陪伴我们的一个听众，但我们对听众要求太高，结果往往就是把听众给赶走了。

　　当然，出现上述征兆，并不是说明这段婚姻就无可救药了。

　　这些征兆，只是一些婚姻出现问题的信号，告诉你是时候要做出改变了。

　　经营幸福，你必须努力，没有捷径。

　　我也相信，越早地发现问题，也就越有充足的时间去解决问题。

一个中年女人的自述：老公破产后，我想离开他

文 / 宋金娥

m+ 幸知：

老公在一次投资中，亏掉了几十万元。我害怕离婚后，别人说我狠心，说我是个物质的女人，只能有福同享不能有难同当。但是我真的特别想离婚。

老师，我该怎么办?

答：

非常感谢今天这位朋友提了一个很现实也极具代表性的问题。

说它现实且有代表性，是因为在当今经济大环境下，这样的事件每天都可能在不同的角落里发生。

生意失败导致负债，一家人的生活突然陷入困境，当前生活成本又那么高，生存、养娃、赡养老人等，像几座大山，会瞬间压得人喘不过气来。如果再有银行或个人的催债，真的会让家庭成员承受空前的精神压力，甚至处于情绪崩溃的边缘。

关键是这样的事情，明明是老公的个人行为失误所致，却要妻子跟他一起去经历这个磨难，妻子心里自然是委屈而不平衡的，会觉得自己好冤，他犯的错，凭什么要让我去承担后果，这又不是我的错！

我想每个有类似经历的妻子，产生这些想法和念头，都是非常自然的，也是完全可以被理解的。

妻子经历这样的事情，心里会产生大量糟糕的情绪和感受。妻子为这个家付出很多，这些情绪和付出，是否能被老公看见？是否被允许表达？妻子有无其他的社会支持系统，来理解和接纳她痛苦的感受？

这些点在这个时候就显得尤为重要。

如果这些感受和情绪能够被很好地看见和"言说"，但妻子依然有离婚的想法，这便是基于相对理性的思考后的决定。如果妻子心里的苦无法被"言说"，妻子不断冒出离婚的想法，很可能就是心理学上讲的一种"见诸行动"，又叫"行动化"。

就是说，当我们的内心有很强烈的感受时，我们无法说出这些感受，就会去采取行动。比如，有的夫妻一旦生气，就会打架、摔东西，不跟对方讲话，无视对方，或者离家出走，这些都属于"行动化"。

就像我们跟同事或朋友在一起，如果他的某些行为，让你非常愤怒，你可能选择去跟他说清楚，问问他是怎么想的，也可能你根本不会那么做，你只想跟他绝交，不再来往，以此来表达你的愤怒。

我说这些的意义在于，我们首先要去区分，一个行为，比如这位朋友说的想离婚的冲动，是来自理性的思考？还是在表达自己内在强烈的情绪？

因为这位朋友只说老公投资亏损了几十万元，我们不知道失去这几十万对于她的家庭是一个什么样的影响。

是完全让这个家被困住，无法正常运转？还是说可以承受，只是让自己非常生气，气他做了一件比较愚蠢的事情？

如果妻子非常生气，而这个气又无法表达，老公同时因为自己的懊恼或挫败，无法看到和安抚妻子的情绪，这就容易让这个经济问题引发两人之间的彼此伤害。

"想离婚"，可能就是一个惩罚对方的行为，是一个"行动化"而非理性的思量。

什么叫"理性的思量"呢？

比如，去认真思考你们夫妻的感情基础如何，最近几年关系怎样，老公亏损之前，你在夫妻关系中的需要是否能被满足，包括情感和性，以及尊重的需要等。

这些都很重要，因为夫妻关系没有血缘连接，不像亲子关系，无论怎样父母和子女都无法改变血亲的事实。血缘会把双方捆绑在一起，无论孩子怎样，父母都无法抛弃，可能还要为之买单。

而夫妻却不一样，感情好时，可以为对方掏心掏肺；感情消散时，便形同陌路。所以，夫妻关系更多是靠情感来维系的。

如果你们之间有爱，会愿意为对方付出，共同承担责任，甚至牺牲自己的一些利益去帮助对方，这些都是情理之中的。

如果两个人的感情本来就不好，甚至老公在过去的生活中有很多伤害妻子的行为，比如出轨、家暴，或者无视、忽视、不尊重妻子，那么此时再让妻子去为了他牺牲自己的生活，妻子的内心自然是不情愿的，对妻子来说，这也是非常不公平的。

当然，除考量你们的情感因素之外，妻子也需要去想一下，老公这次投资失败，你心里是怎么认识这件事情的。

也就是说，你认为这样的结果主要是什么原因所致？是外界的因素，还是他的自身因素？

这件事情是否反映了老公的一些人格特质？比如总想走捷径，凡事冲动，投机取巧，想不劳而获等，还是说，他其实是一个很成熟的人，这次失败只是概率或运气的问题，或者受大环境的影响？

我不知道你们的婚龄有多长，你跟老公在一起的时间有多久，你对他的了解有多少，判断是什么。

我的意思是，你可以更理性地对他有一个相对客观和全面的判断，看自己是否还对他抱有希望，还是他已经让你失望透顶。

在这里，我强调一下关于女性在婚姻中容易迷失自己的现象：

心理学上认为，人的某些行为其实并不受理性思考的支配，而是受内在"潜意识"的影响。

比如：有的女性自身存在"拯救情结"，总会幻想她可以把一个大家不看好的男人改造好。殊不知，这可能是自己的执念，是自己内心的"情结"在起作用。

有可能在她原来的家庭里，有一个不被母亲看好的父亲。父亲抑郁不得志，或者总是让母亲失望，那么在她小的时候，她可能就会形成一个愿望，希望父亲这样的男人能被好好对待。

而这个愿望对于她一个小孩子来说，是难以实现的，所以愿望就会被压抑到潜意识里。

长大之后，她就比较容易被拥有此类特质的男性吸引，潜意识里希望自己能让这样的男人满意和幸福。所以，这导致很多女性会去选择一个很多人并不看好的人，而这往往会让自己的生活陷入痛苦、困境之中，无法自拔。

当然，上面只是我对某些现象的举例，跟今天这位朋友的情况也许关系不大，因为我对她当前婚姻及原生家庭的信息并不了解。

所以我只是在此提醒更多的女性朋友，对自己有更多的了解，才可能摆脱那些束缚自己人生的东西。

让我们回到刚才的话题上，这位朋友如果对老公有深入且理性的判断，就可以明确他是不是自己可以共度终生的伴侣，他是否值得我信任，我对我们一起生活下去有无信心，而不仅仅是纠结于当下亏损了多少钱的问题。

当然，还有你自己提到的，担心被人说狠心，但是自己又特别想离婚。

听起来这是你的一个冲突点，而在我看来，你们之间的感情基础，以及你对他的人格的一个基本判定，都要比别人的评价更重要。当你可以把关注点转回自身，回到自己真正关心的问题上时，外人的评价自然就没有那么重要了。

我想你之所以如此关注外人的评价，或许和你的成长环境有关。

可以回想一下，在你小的时候，父母或其他养育者是否允许你有自己的想法及决定？是否真正关心你心里是怎么想的？你需要什么？他们是否总是站在成人的角度来评价你某些行为的好坏？我想这些经历都会影响你现在是否可以做出一个自主的行为。

也就是说，也许本来别人的看法、说法并没有那么重要，而在你这里似乎是比较重要的，这恰恰是我们要去觉察和思考的问题。

当我们对自己有了更多的了解和思考的时候，我们才可以保证自己的决定是发自内心、真正自主、为自己负责的，同时也是让自己越来越好的，而不是在重蹈覆辙。

当然，因为今天我所能了解的信息有限，不知道你的年龄及更多的情况，比如有无未成年的孩子要抚养、个人经济收入如何等，而这些都需要你去综合考虑。

如若离开，一定是让自己的生活更好，有孩子的话，同时也要保障孩子的成长环境。

若要坚守，那你心里也一定很清晰地知道自己这样做的理由是什么。即便这样，有可能你的心里依然是委屈、难过的，这就需要你们夫妻共同去面对，必要的情况下，可以寻求专业人士的帮助，让你们共同渡过当下的难关。

我想无论你做出何种选择，只要是尊重自己内心，是理性的选择，别人都无权干涉，也无权评论，因为他们无法为你的人生负责。

你有权利去追求对你来说更好的生活！

祝福你！

这4个女人，380万人都催她们离婚

文 / 洛羽

知乎上有一个问题，"哪一刻让你对婚姻死了心"，380多万人关注，2000多条回答，一下被顶上了热榜。

"愿得一人心，白首不相离"，多少女人怀着热爱与憧憬走进婚姻，却被现实当头浇下一盆凉水。

明明就是为爱结婚，为什么走到半程却越走越死心呢？

曾经轰轰烈烈的山盟海誓，终究敌不过日复一日的柴米油盐吗？

带着疑问，我采访了4个女人，想看一看，没有出轨和家暴，有哪个瞬间，让她们对婚姻死了心。

01
小米，28岁，公司职员

25岁那年，我在相亲中遇见了他，聊了几次之后才发现，原来我们住在同一个小区。

有一天我加班到很晚，那段时间恶性事件频发，我不太敢开车下地库，鬼使神差地给他发了微信，他秒回，并站在地库入口等我。

那一刻，一贯独立的我突然觉得有人陪着也不错。

就这样我们结婚了。

新婚第一年，我们经常出去约会，两个人像气球一样慢慢胖了起来。

不知道从什么时候起，画风就变了。

我们之间的话越来越少。他一回家，要么在沙发上一躺玩手机，要么在电脑前一坐打游戏。整整一个晚上，我们都很难说上几句话，更别提出去约会看电影。

有一次，厨房的灯泡坏了，我开着油烟机的灯凑合着做好了饭。我告诉他灯泡坏了，需要买一个新的换上。

他"嗯"了一声。第二天，灯泡依然是坏的，我依旧开着油烟机的灯做了晚饭。我对他说，灯泡需要换了。

他说："嗯，知道了。"

第三天，灯泡依然是坏的，我有些生气，语气不太好："灯泡坏了，你又忘了换吗？"

他说："嗯，明天一定换。"

第四天、第五天，灯泡还是没换，我没再做饭了，我说："灯泡坏了，我做饭很困难，你到底什么时候能把灯泡换了？"

他也怒了："不就是一个灯泡吗？犯得着天天催？"

那一天我们冷战了，说是冷战，其实跟日常也差不了多少。他依旧窝在沙发里玩游戏，看也不看我一眼，而我也懒得看他了。

后来，路过五金店，我自己买了灯泡，按照老板口述加网上搜索，自己换好了灯泡。

打开开关，灯泡亮了，我却突然觉得对婚姻很无望。

我自己赚钱自己花，下得了厨房，换得了灯泡，嫁个人连话都没得说，我找个男人供着、伺候着干吗？受虐狂吗？

02
小满，33岁，白领

我从小在奶奶身边长大，爸爸妈妈都在另一个城市里忙事业。上学之前，我的生活里几乎只有奶奶和我，冷冷清清，没有什么趣味。

一次同学聚会中我遇见了他，酒桌上的他如鱼得水，很得大家的欢迎，是我很向往的那种热闹氛围。

没结婚的时候，他常常带着我跟朋友聚会，三五成群，撸串喝酒，我才发现原来生活还可以这样过。

可是结婚有了孩子后，我才发现，他依旧热闹地生活，却把我独自留在了家里。

没时间带孩子出去玩，他却"有朋自远方来"，要去招呼。

没时间带孩子上兴趣班，因为他的朋友结婚，他要去帮忙。

没精力带孩子看病，因为他正处于项目攻坚阶段，要去应酬。

那次，孩子高烧39度，深夜我带着他打车去看诊、化验、缴费。

凌晨的儿科就像春运的火车站，别人家三五个大人围着一个孩子，我却独自背着孩子，像个无家可归的游魂。

那一刻我就想放弃了，如果每天都是丧偶式生活，结婚又有什么意义呢？

03
小菲，31岁，全职妈妈

结婚第二年，我们有了一对双胞胎，他高兴极了，我却隐隐有些担心。

婆婆身体不好，妈妈还没退休，两个嗷嗷待哺的孩子，我拼尽全力还是很难兼顾孩子和工作。

那时候，老公创业已经有了起色，年收入翻了几番，他说你辞职吧，我赚的钱足够养活你们娘三个。

几经挣扎，我还是做了全职妈妈，每天就是孩子和家务，与社会唯一的交流就是买菜时跟卖菜师傅讨论一下是黄瓜新鲜还是西红柿划算。

他工作越来越忙，回家越来越晚，而我每天带着两个孩子也是疲惫不堪。常常是他回来时我跟孩子已经睡下了，第二天早上，他匆匆吃完早餐就提包走人，留给我一桌狼藉。

如果哪天他凑巧回家早，我想跟他聊聊天，他就会说"你懂什么，不要没事瞎操心"。

有时候，他工作上遇到问题，会带着情绪回家，家里气压低得可怕，我跟孩子们都不敢跟他说话。

自从有了孩子，我们就再也没有约会过。有一次约好了周末一起去看电影，我把孩子们收拾妥当，准备送到姥姥家，他却收拾着健身包准备出门。

原来，人家约了私教课，早就忘了看电影这件事。约了私教不能改期，他一再道歉，我却心凉了大半截。在他心里，"陪我"竟然还没有私教重要。

他能准时去赴陌生人的约，却早就忘了和我的约定。在他的心里，我就是随时可以毁约的末位选择，这样的婚姻还有什么意思。

04
小林，30岁，微商

当年生完孩子，我们跟朋友吃饭，他看着别人的女朋友嘲笑我，"你看看人家，再看看你，也不知道减减肥"。

那个时候我就知道，我不能做全职妈妈，不然会被他各种看不起。所以，我就跟朋友一起做了微商，虽然很忙，但时间自由，还能照顾孩子。

我们都是很爱玩的人，生孩子前，我们几乎没在家吃过晚饭，夜生活丰富多彩。生孩子后，人家夜生活依旧丰富多彩，改变的只是我自己。

我每天喂奶、哄睡、换尿片，他去健身、喝酒、KTV。我就是不明白，同样是第一次做爸妈，为什么改变的、牺牲的就只有我呢？

出了月子，我就跟着朋友干微商，现在生意越来越好，我们准备开线下门店，电话交流比较频繁。

那天，他坐在电脑前打游戏，我正跟合伙人沟通店面装修的事，孩子突然哭闹起来，他一下就怒了，"每天就知道玩手机，孩子哭了也不管，不知道跟哪个野男人在聊天呢"。

我那是玩手机吗？他要是个靠得住的老公，我犯得上一边带孩子一边拼事业吗？我为了这个家劳心劳力，放弃了那么多，他却只知道指责，还怀疑我出轨。我要是有精力出轨，还真没他什么事了。我们吵得很激烈，孩子哭得很大声。

事后，我很后悔，我跟他吵什么呢？吓坏了孩子怎么办。跟这样的男人过日子，真是没劲。

婚姻也有生命

钱钟书说："婚姻是一座围城，城外的人想进去，城里的人想出来。"

婚前的山盟海誓变成了婚后的一地鸡毛，爱情不是天下无敌，即使没有家暴和出轨，冷落、嫌弃、不尊重、不理解同样可以杀死婚姻。围城中的女人就像一个弹簧，被生活越压越紧，随时可能崩坏，而围城中的男人还浑然不觉。

有部短片叫《你想过离婚吗》，女人们在日复一日的蹉跎中对婚姻死心，而男人们却觉得这没什么。

"男主外，女主内，洗衣服、做饭、带孩子、照顾老人，这不是做媳妇的应该做的吗？"

"生气拌嘴，都是气话，她就那么一说，日子不是还得照样过嘛。"

"她那都是吓唬人的，不用当真。"

可当他们知道妻子的真实感受时，他们全都开始后悔了。

"请原谅我的自私，我真的不想我们的婚姻走到无法回头的那一步，以后我会认真听你的话，以后我们好好沟通。"

原来，男人也害怕失去婚姻。

我们因爱结婚，却忘了爱情也是有生命的，它会生长，也会衰落，当爱情所有的生命力都被消磨殆尽时，婚姻也就死了。

其实爱情真的不需要惊天地、泣鬼神，只需要生活里的小温暖和日复一日的耐心经营。婚姻也不是爱情的终点，恰恰相反，它是爱情的起点，需要表达、需要行动、需要仪式感。

别忘了，日子是两个人的，就像《你想过离婚吗》中所说，"我是妻子没错，但你也是丈夫"。

老婆不是永动机，她的付出和牺牲需要动力，而老公的爱和尊重就是最好的能量来源。一个拥抱、一个亲吻、一句安慰、一分理解就足以让她们在家庭中持续发光发热。

美国作家温格曾说："在这个世界上，即使是最幸福的婚姻，一生中也会有200次离婚的念头和50次掐死对方的想法。"

不是婚姻无药可救，只是在平淡无味的生活中，我们渐渐忘了最初相爱的样子，忘了曾经许下的诺言。

不忘初心，方得始终，常怀爱的真心，唤起爱的行动，不冷漠、不将就、不消耗，才能让爱情生长，让婚姻幸福。

最后，请把这篇文章给你的老公看看，也许他能从中发现爱的秘密。

第二章

婚姻启示录：你要知道的婚姻真相

2

"不完美"的婚姻才长久

文 / 丽丽赫本

　　有这样一对夫妻，他们的婚姻是人人都羡慕的完美婚姻。丈夫深情体贴，帅气绅士；妻子才华横溢，温柔大方。他们是大众心中的完美伴侣。

　　两人结婚 5 年，看起来依旧甜蜜如初，激情不减。所有人都觉得他们是完美夫妻的典范。只是在第五年结婚纪念日的时候，完美妻子突然消失了，丈夫不知道她去了哪里，于是报了警。

　　在寻找妻子的过程中，关于完美婚姻的真相一点点在我们面前展开，原来看似完美的背后竟是无法预测的可怕深渊。

　　妻子的消失居然是一场蓄谋已久的计划，为的就是制造自己被丈夫谋杀的假象，让丈夫坐牢甚至被判死刑。

　　不得不说，往往越是完美的婚姻，越是可怕。

01

　　电影《消失的爱人》讲述的就是这样一段所谓的"完美"的婚姻故事。

妻子艾米和丈夫尼克初次相识时，就被对方吸引。尼克喜欢艾米的才华美貌、温柔性感，而艾米喜欢尼克的深情体贴，风趣幽默。

他们双方都认为自己找到了梦寐以求的完美情人，于是很快走入婚姻。

在结婚的头两年，两人始终都还在扮演着彼此心中完美情人的模样。后来尼克的母亲生病了，他们从纽约搬到密苏里州居住。

两个人表面上看是一对典型的美国中产夫妻，生活体面，感情和谐。

但是事实上自从尼克失业后，他们的婚姻内部开始发生变化。艾米的父母遇上债务危机，她把自己的信托基金的钱拿给父母还债，尼克责怪她不与自己商量，擅自做主。

尼克失业后开始不求上进，买游戏机等电子产品，在家窝着打游戏，什么都不管。艾米指责他不思进取，再也不是她眼中那个积极上进的丈夫了。

在现实生活面前，他们双方在彼此心中完美的形象开始慢慢崩塌。艾米变得控制欲极强，尼克也不再那样浪漫深情，以至开始无视妻子。

看似波澜不惊的婚姻表面，实则藏着波涛汹涌的暗流，而双方都不自知，也没有去深入沟通交流，只是选择逃避现实。

原来他们爱上的只是自己想象中的那个人，而不是真实的对方。当完美的面具被摘下，他们都无法接受这样的真相，觉得自己被骗了。

02

尼克觉得和艾米在一起越来越累，甚至感到窒息。于是他在家的时间越来越少，两人的关系越来越冷淡，彼此交流也越来越少。后来，尼克出轨了。

艾米看着他又爱上了一个当年的自己，又玩着当年对自己表演过的风趣和深情。她深觉蒙受了莫大的耻辱，这种羞辱感越来越强，激发出艾米心中的阴暗和狠毒。

她为了报复尼克对她的冷淡、疏忽和背叛——"尼克夺去了我的骄傲、我的尊严、我的希望和我的金钱"，精心伪造了一场逻辑缜密、证据充分的令人信服的"被谋杀"。

"我那懒惰成性、说谎成癖、劈腿不忠、健忘麻木的丈夫，会因为谋杀我被关入大牢"，这就是艾米最终想要达到的效果。

艾米甚至已经做了最坏的打算，如果最后尼克还不能被定罪，她就自杀。她不惜以生命为代价，也要置尼克于死地。

一个人到底对另一个人恨到什么样的程度，才会不惜与他同归于尽。曾经是亲密无间的夫妻，爱有多深，恨就有多深。

对彼此的期望越大，失望就越大。越是自以为完美，在完美的幻象破灭后，内心的空虚感就越强烈。

意识到原来自己一直以为的完美只是一场自欺欺人的骗局后，艾米开始渐渐迷失自己，只想以报复来解自己的心头之恨。

03

当尼克明白了这是艾米的阴谋，他无法理解，艾米竟然恨他到如此程度，而他竟然全然不知晓。

其实他并不是一点都不知道，只是不愿意去想，不愿意花心思去了解妻子的精神世界，不愿意付出精力去沟通。当婚姻出现问题的时候，他只是逃避、出轨，即使他还是很想和艾米有个孩子。

他当初爱上的只是艾米的"外壳"，"尼克爱上的只是我当时假装的女孩，'酷女孩'。酷女孩代表性感、随意、有趣，酷女孩永远不会对她的男人发脾气，她总是笑意盈盈，喜气洋洋，活泼可爱，他喜欢什么她就喜欢什么"。

如果尼克始终忠诚，艾米倒是愿意将这样的"酷女孩"演到底，但是他没有。他先背弃了自己的誓言，开始厌倦自己曾经喜欢的这个艾米。

说到底，他们都一直停留在对彼此最初的完美印象里，殊不知，当初他们都为了吸引对方，故意表现出自己最好的一面，但那并不是完整真实的自己。

一个人可以伪装一时，却很难伪装一辈子，如果走入婚姻后，你还是把对亲密关系所有的期望放在一个人身上，那结果肯定会令你失望。

因为一段关系只能满足你的一部分期望，却不能满足你所有的期望，就像一个人可以满足你的部分情感需求，却不能承担你所有的情感愿望。

当你把所有的期望都寄托在一个人身上，这个人会越来越累、不堪重负。他为了满足你的期望，不得不努力去扮演你所期望的那个人，久而久之，他总有一天会崩坏。

当他崩坏以后，他就会离你越来越远，因为你让他很有压力。要知道，所有幸福长久的亲密关系，一定是轻松自在的，双方都可以做真实的自己。

04

无论是多么完美的婚姻，它的背后绝对都隐藏着一定的残缺。在

《消失的爱人》中，两人热情的消散和无数累积起来的矛盾，让他们这段看似完美的婚姻变得可怕。

一位情感作家说过：我们在婚姻里最容易犯的错误，就是严于律人、宽以待己，渴望对方成为完美伴侣，却放纵着自己的缺陷和不足。

完美的婚姻，从来就是两个不完美之人的相互包容和成全。

《亲密关系》中提到，我们之所以会爱上一个人，我们开始和维持一段亲密关系背后的动机，是为了满足我们未被满足的需求。

一旦发现伴侣无法满足自己了，我们就想"控制"伴侣，把他"改造"成我们期待的模样。

这样，只会让彼此越来越累，永远得不到满足。

《傅雷家书》里面有一段傅雷跟傅聪聊婚姻关系的话，值得深思：

"对终身伴侣的要求，正如对人生一切要求一样不能太苛。事情总有正反两面：追得你太迫切了，你觉得负担重；追得不紧了，又觉得不够热烈。温柔的人有时会显得懦弱，刚强了又近乎专制。幻想多了未免不切实际，能干的管家太太又觉得俗气。只有长处没有短处的人在哪儿呢？世界上究竟有没有十全十美的人或事物呢？抚躬自问，自己又完美到什么程度呢？"

我们永远无法和一个完美的人结婚，我们需要做的便是在漫长而琐碎的日子里，在发现伴侣的缺点时，能够尊重对方，相互包容，慢慢接近更美好的生活状态。

世间没有完美的婚姻，也没有不倦怠的爱情，婚姻中的我们，应当学会接纳彼此的不完美，用心经营，才能成就更好的自我和更幸福的婚姻。

出轨之后离婚财产分配的三大误区

文 / 孔霞

今天，我们就事论事，来谈一谈因"出轨"决定离婚时，夫妻财产的分配问题。

问题一：何为"出轨"，出轨到底是一种什么样的过错

为了便于理解，在谈这个问题前，我们探讨一下："出轨"是道德上的过错，还是法律意义上的过错？它到底是一种什么样的过错？

"出轨"是由交通词引申而来，现在被用来形容男女脱离正常的道德准则去谋求非正当的感情，在婚姻学中，主要指精神出轨和身体出轨。由于精神方面是否出轨不容易判断，所以身体出轨是公众口中最常用到的词。

从字面意义来看，"出轨"就是脱离了正常的轨道，违反了夫妻之间的忠诚义务。

现实中，通常说的"出轨"或者说是"婚外情"，主要指的是三种夫妻不忠行为，即出轨、同居、重婚。

解读了"出轨"这个问题，我们就来分析一下"出轨"涉及的具

体过错问题。前面已经提到了，"出轨"是一种过错，那这种过错是道德上的，还是法律上的呢？

我国《民法典》第一千零四十三条规定："夫妻应当互相忠实，互相尊重，互相关爱，家庭成员应当敬老爱幼，互相帮助，维护平等、和睦、文明的婚姻家庭关系。"

如果夫妻中有一方出轨了，那明显是违反了此项规定的"互相忠实"的义务，但这个义务主要是从道德层面来解释的。

所以，一般的出轨肯定是道德上的过错，但如果"出轨"严重的话，构成法律上的过错一方，就很可能涉及财产分割问题。

我国《民法典》第一千零七十九条规定，两种情况的"出轨"会涉及损害赔偿，即重婚或者与他人同居，这两种情况属于会影响到财产分割的法律过错问题。

实践中，法律上的过错不容易认定。法院审理民事案件依据的是"谁主张，谁举证"的原则。

如果一方主张另一方出轨，除非对方自认，否则就必须提供证据。如果不能，那么法院不会采信。

问题二："出轨"后夫妻离婚财产分割的误区

《离婚律师》中，律师池海东为了照顾前妻焦艳艳，谎称自己"出轨"。在法庭上，焦艳艳的代理律师罗鹂提供了池海东在微信中对焦艳艳许下的承诺："如果在外面拈花惹草的话，就赤条条地来赤条条地去。"

最终，这场官司"妻胜夫败"，池海东被判净身出户，一夜之间失去了包括一栋上千万别墅在内的所有财产。

电视剧主要为了追求艺术的效果，在现实的生活中，即使收集到对方出轨的证据，在离婚时也很难获取更多的财产，更不可能让犯错一方完全净身出户。

误区 1：净身出户

很多在婚姻中被背叛的一方都觉得自己是受害者，认为出轨的另一半就应该净身出户，不应该分到任何家产，这其实是一种误区。

误区 2：青春损失费

有的女性认为，在离婚时男方应当给予自己一定的青春损失赔偿。这是没有法律依据的。按照法律的规定，只有在家庭暴力、重婚、有配偶者与他人同居、虐待遗弃家庭成员的情况下，法院才能判决过错方给予离婚损害赔偿。

误区 3：先提离婚的一方财产分割方面会吃亏

离婚时，法院首先会分清当事人的个人财产和夫妻共同财产，个人财产归各自所有。分割夫妻共同财产时先由双方协议处理；协议不成时，由人民法院根据财产的具体情况，按照男女平等，保护妇女、儿童的合法权益，照顾无过错方和有利生产、方便生活的原则进行处理。因此，先起诉不等于必须在财产分割方面做出让步，二者没有必然联系。

此外，实践中还比较常见的一个误区是一方出轨，另一方起诉就会判离婚。由于一方出轨，夫妻双方在对离婚问题谈判未达成协议的情况下，就只能通过法院诉讼的方式来达到离婚的目的。

但是，法院判决离婚的基本原则是双方夫妻感情确实破裂，而一方出轨是否导致感情足以破裂确实是不容易判断的，所以，除非构成了"重婚"或"同居"的情形，且证据非常充分，一般情况下第一次起诉离婚，只要对方不同意离婚，法院一般都不会判决离婚。一方坚决要求离婚的，自法院驳回之日起又分居满一年，可再次起诉离婚，这种二次起诉的情况下，法院判决离婚的概率将非常高。

除了离婚时的财产分割问题，对于一方出轨涉及的离婚时孩子的抚养权问题，法院在判决时不会首先考虑是否出轨，而会首先考虑怎样有利于子女成长，以此原则进行判决。比如实践中主要考虑以下因素：夫妻双方的学历、工作、收入、年龄，家庭环境，子女的年龄等。

问题三：出轨后夫妻离婚，财产到底该怎么分

《中华人民共和国民法典》第一千零八十七条规定："离婚时，夫妻的共同财产由双方协议处理；协议不成的，由人民法院根据财产的具体情况，按照照顾子女、女方和无过错方权益的原则判决。"

所以，夫妻双方在离婚时，分割夫妻财产主要就是双方协议解决，协议不成由法院依法判决，而法院是以照顾子女和女方权益的原则进行判决，可以说跟是否存在"出轨"的过错没有任何关系。

但如果"出轨"的情形构成了法律过错（"重婚"和"同居"）的情况时，无过错一方可以要求损害赔偿。

也就是说，对于财产的分割问题，法律没有偏袒于非过错方，但同时又规定了无过错方的损害赔偿权利。所以说，无过错的一方有权要求过错的一方在离婚时进行赔偿。

由于我国对精神损害没有明确的标准，因此，出轨涉及离婚遭受的精神损害赔偿并没有明确的标准，一般都是法院根据过错方侵害的手段、场合、行为方式，对受害人造成的损害程度，过错方承担责任的经济能力，以及当地的平均生活水平等因素予以综合判断。

北京通州法院就曾判决过这样一个案件：妻子张某发现丈夫王某

和第三人关系暧昧，经常夜不归宿，最后甚至长期不回家。

庭审时，丈夫王某当庭承认自己在与张某存在婚姻关系期间与第三人有不正当关系，并且承认自己在婚姻关系期间长时间保持出轨行为，导致了夫妻感情破裂，走向离婚。

最终北京通州法院认为王某对于离婚存在重大过错，应承担主要责任。判决离婚时，王某支付张某精神损失费 5 万元。

这个案例中"出轨"的情形首先是长期的，其次是在事实方面，男方自认了，所以法院酌情判决王某支付张某精神损失费。

搞清楚了以上法律问题，那么在实践中，怎样来保护无过错一方的财产权利呢？刚才提到了，离婚时可以通过协议方式和法院诉讼方式达到离婚和分割财产的目的。

鉴于法院在诉讼中完全是依据事实和法律，更关键的是法院都是根据双方提供的证据依法进行判决的，在出轨证据不明确的情况下，夫妻双方在处理这类问题时，完全可以通过提前协议约定的方式来达到目的。

比如，佛山一名男子被妻子多次发现出轨后，给妻子写下了保证书，保证如再跟第三者有往来，离婚时自愿给妻子 50 万元的损害赔偿款。之后该男子又再犯，妻子根据该协议要求其付款，佛山南海区法院一审认为"保证书"对双方存在约束力，但约定金额过高，判决男子赔付妻子 10 万元。

再如，2006 年底，男方刘某网恋 5 个月后与女方余某"闪婚"，并办理了结婚登记。领证前一天，两人签订《婚后权利义务协议书》，协议第一条约定，婚后双方须互相忠实于对方，若男方在留学期间出轨，就要将离婚后 20 年的收入分一半给女方；若出轨发生在留学归来之后，则减至 30% 并不得侵占双方共同财产。之后，2011 年女方发现男方多次出轨后，诉至法院。

最终，根据往来邮件及其他证据内容，法院认定刘某出轨，同时认定双方协议合法有效，并从"保护婚姻关系中无过错方利益"的角度出发，判决双方离婚，在征得余某同意后，根据刘某的学历水平、工作前景、收入、消费水平等因素，判决他一次性支付余某经济补偿 80 万元。

由以上案例，我们可以得出一个结论：如果双方提前或者在发现出轨问题时，达成书面的协议，对夫妻的财产以及补偿款进行约定，以及没有出现法律上无效的情形，通常法院会认可，法院也会根据实际情况酌情裁量从而下达较为公正的裁决。

总结：对于现实中比较常见的"出轨"问题，除"出轨"严重到"重婚"或者"同居"的地步可以主张损害赔偿外，除非双方协商达成一致意见，法院通常不会直接做出特别倾斜性的判决。

因此，现实生活中，夫妻双方还是应该坦诚相见，一起找到出轨的原因和问题所在，然后齐心协力解决问题。实在不行走到离婚的地步时，双方也最好能在法律框架内平心静气地处理好夫妻财产分割问题。

婚姻需要经营，幸福婚姻更需要用心经营，愿我们以诚相待，享受彼此忠诚、互相支持的幸福。

何以面对婚姻中的孤独？

文 / 丽丽赫本

婚内孤独，是婚姻的隐形杀手

朋友小美最近跟我吐槽，她想离婚了。

孩子才 2 岁，结婚 6 年，她说这段婚姻真的没有任何意思了，每天都压抑得让人窒息。

她的老公大强每天除了上班，回到家还是忙自己的事，对她从来都不闻不问。

每次小美想要和他分享一下自己最近看的书，大强都很不耐烦。

小美一直以来都是一个文艺女青年，可是她的那些文艺爱好在老公大强眼里就变成了矫情，更别说让大强与自己沟通了。

两个人平时在家时，说也说不了两句，小美觉得老公完全不能理解自己的精神世界。

特别是生了小孩以后，大强更是对她熟视无睹，无论吃饭还是睡觉，他都只是抱着手机，不说一句话。

当小美想要找他交流时，他总说，都是老夫老妻了，有啥好聊的，好好过日子不就好了。

小美觉得，自己虽然结婚了，但是比单身时更孤独，身边明明有个人，却感觉像不存在一样的。

她觉得这样的婚姻让自己崩溃，有时候面对自己的老公，像是面对一个陌生人，她的情感需求找不到一个出口。

和小美的情况一样，很多夫妻在一起生活了数十年，却相处成了最熟悉的陌生人。

他们在一起通常无话可说，无法进行精神世界的沟通。一方会感觉非常孤独，无处倾诉，另一方却无动于衷。

这就是"婚内孤独"，明明结婚了，却感觉只是自己一个人，只有无孔不入的孤独感。

婚姻孤独，源于你对婚姻的期待太高

小美当初嫁给大强，觉得这个男人各方面条件都很不错，事业有成，有房有车，长得也比较帅气，很符合她的择偶条件。

小美满怀期待地走入婚姻，对大强的要求越来越多，希望另一半可以成为自己的灵魂伴侣。

她希望大强温柔浪漫，对她体贴入微，能够走进她的内心世界，与她心有灵犀。

她将所有的情感需求都寄托给大强，希望他能满足她，懂得她的喜怒哀乐。

可是，她发现大强不仅不解风情，还很木讷，一点也不了解她的心思，从不会做浪漫的事。

她和大强在很多事情上观念不一致，沟通总是很不顺畅。

这样的男人、这样的婚姻根本不是她期待中的样子，小美怨气越来越重，大强离她也越来越远。

久而久之，大强为了避免吵架冲突，就选择少说话，两人的交流也就越来越少。

小美对大强抱的期望越大，失望也就越大。

其实，小美从一开始就看中了大强的外在条件，觉得他应该是一个理想的结婚对象，并将自己所有对婚姻的期待都寄托在大强身上。

小美的这份孤独感，其实是来自自己期望的落空，她对婚姻和另一半的期望太高，以为结了婚，对方就能满足自己所有的情感需求。

这也是很多女人存在的问题，她们把婚姻想象得太完美，对婚姻没有一个正确的认知。

殊不知，从来没有一段婚姻能够满足你所有的期待，也不会有一个完美的人满足你所有的情感需求。

婚姻只能解决你的部分问题，另一半也只能满足你的部分情感需求。

婚姻不过是一场求仁得仁的亲密关系，能够解决你的核心需求，已是一种幸运。

对于小美来说，老公大强会赚钱、长得帅气、对家庭有责任心，基本满足了小美最初对婚姻的需求。

只是，随着两人的结婚时间越来越长，小美越来越不满足，对大强的期待也越来越多，希望他能变成自己想要的完美样子。

但是，在婚姻中，我们能够改变的只有自己，想要改变对方，结果往往只能是失望。

谁更痛苦，谁就去改变，这才是婚姻的真相。

如果你把所有的期望都寄托于一段婚姻关系，把所有的情感需求都寄托于一个人，那么你一定会失望的。

只有你自己，才能满足你所有的期待。

孤独，不过是自我的内心投射

在婚姻里，我们对另一半投射的各种期待，其实是自我缺失的部分。

正是因为我们自己身上缺失那些东西，我们才不断向外索取。

《懂得爱》一书中写道："人在关系中选择具有特定特质的人，以符合内在的形象。"简言之，人有既定的想法，认为什么人会是完美的伴侣，然后被符合这种形象的人吸引。

他们相信自己能和这个理想人物建立关系，借此解决生活中的缺憾与不安全感。

但这种想法的问题在于，当寻找某人来满足自己浪漫的愿望时，他们会把重心放到自身以外，于是变得软弱、不认识自己、无法和他人进行关怀的对话。在关系中，他们的伴侣会成为被拥有的对象，而不是一个人。

不断向对方索取，要求对方满足自己的期待，其实正是反映了我们内心的空虚，我们需要对方来认可自己，才能获得自我认同感。

一旦对自我的认同要靠别人来满足，我们也就失去了自我的完整性。

在婚姻里，夫妻双方不一定需要志趣相投、精神世界共通，只要我们自己拥有完整丰富的精神世界，我们就不会因为对方而孤独。

内心的孤独，与另一个人并没有太大关系。

简单点说，我们不会因为一个人变得更加孤独，也不会因为一个人变得不再孤独。

孤独不以任何人的存在而被改变，只是自我内心状态的投射。

一个人最好的伴侣不是别人，而是自己的心，懂得自我满足，才能建立健康的亲密关系。

完善自我，与孤独友好相处

夫妻关系的亲密度，不是取决于一方完全满足另一方的期待，更多时候需要自己取悦自己。

成熟的夫妻关系，不是把自己的期待强加在对方身上，或者为了成全对方而放弃自己，而是真正实现精神上的独立。

与一个人结婚，不是满足自己欲望的途径，而是两个人能更好地在婚姻中共同成长。

作家素黑说："两个人在一起，并不等于两个人要变成一种生活、一种想法。而是要让两个人的世界舒服地碰撞，擦出火花，关键是保持两个世界的完整，人不应只爱自己的影子，或做别人的影子。"

在婚姻里，我们只有永远保持自我的独立完整性，不再总是对外索求，不再将自己的幸福建立在对另一半的期待上，才能在彼此的相处中获取更多的能量。

当我们更多地向内求，专注于自我的成长，我们的内心世界会越来越丰富，便不会再被孤独困扰。

我们会更好地利用孤独，享受独处的时光，从而催生出更完善的自我和更亲密的夫妻关系。

婚姻"长寿"的秘密

文 / 于琦　潘幸知

　　多年前参加一次律师辩论赛时，我认识了一个优秀的师妹，当时她只是个实习律师，是个开朗自信的北京姑娘。

　　她的爸爸是级别挺高的干部，她一执业就有了很多资源，压根不用愁案源。

　　而且，良好的家庭教育让她落落大方，她的心态特别好，当时辩论队的队长天天拿她开刀，她也总是笑呵呵的。

　　我当时总想：这个女孩真是有个值得羡慕的出身，家庭给了她完全不一样的环境。

　　我们都觉得，这么阳光的一个姑娘配得上拥有一个幸福美满的婚姻。

　　遗憾的是，她嫁给了一个特别不适合她的人。

　　其间她把男朋友带来给我们见过，男孩正在读硕士，两个人长相非常般配，都是大高个儿，靓男俊女。两个人家境也相当，最大的不同是她老公非常非常懒散。

　　辩论赛结束，我们取得北京市的第二名，之后他俩就结婚了。

　　两年后我再见到她时，她的变化很大，一直在抱怨，讲老公不上进。她还说，她从楼梯上一脚把他踹到楼下去了，还骂他。

我们听到这些非常吃惊，是什么让一个出身高贵的姑娘变成今天这样了呢。

她说："他不论干什么都拖着，去哪个单位都抱怨。他一毕业我就帮他找好了工作，他干得不开心，又给他换了个工作，结果他连报到都懒得去，三天打鱼两天晒网，到年底送礼还得让我去。"

接下来，她基本不参加我们圈子的聚会了，可能她觉得自己的抱怨，会让我们对她的印象减分，后来听说她离婚了。

其实我很心疼这个女孩，她非常上进，短短几年已经成了一位很优秀的律师，可他老公的内核，与她完全不匹配。

我做了 13 年的律师，看过很多类似的案例，总结出婚姻失败的三个真相：

第一个真相：内在的不匹配

我咨询过这样一个女客户，她是个公务员。她说：

"他总指责我，说我就是小国寡民的思想，随便一点什么都能让我满足了，从来不想要大的发展。

"过年过节，他逼着我给领导送礼，说我在单位干了这么多年，但凡有点心眼，也不至于混成这样。

"还有一次我的单位聚会，他非要参加，说要跟我的领导认识认识，说不定他的产品能让我的领导帮忙推广。我实在受不了他这么功利的做法，他的眼睛里只有钱、钱、钱！"

这就是内在不匹配的两个人，男人想寻求发展，女人想知足常乐。

而同样的男人、同样的做法，放在其他家庭，却得到了老婆的赞赏。

我有一个做律师的好朋友，她老公是做小额贷款公司的，她跟我是这样说的：

"我老公可厉害呢，跟我的同事、领导们吃过一两顿饭，就能把人家全搞定。后来，我的同事和领导都投资了他的公司，这些我都不知道，都是他们私下联系的。他就是有见了一面就让人喜欢上的特质。"

你看，当夫妻二人都喜欢开拓人际关系，对生活的要求也都是"有钱、有地位"时，那两个人就没有这种发展上的矛盾了。

我常常想，如果孙中山娶的不是宋庆龄，蒋介石娶的不是宋美龄，那还能否有两段佳话？

什么是人生观？这就叫人生观。

就是什么样的人生才能满足你，而你最好找一个基本与你有一样观点的人。

第二个真相：人生排序搞错了

常有客户问我这个问题："我们俩都是好人，为什么两个好人过不到一起去呢？"

我想说：你光对别人好，对你的另一半不好有什么用呢？

我身边有个朋友离婚了，这个朋友，走到哪里都被称为好人。

跟哥儿们喝酒，他一定是那个给所有人找到代驾送回家的；跟生意伙伴合作，他一定是那个出差最多、应酬最多的；他给家里的表妹、妹夫都安排了工作；当朋友有事情求他，他都会第一时间处理。

他的时间，都花在了工作和朋友身上，唯独对家庭不上心。对，就是有这样一种人，对谁都好，就是对老婆不好。

因为在他的人生排序中，家庭的地位很低，低过事业，低过朋友。

我还遇到过这样一位女性，她吃苦耐劳，宗族意识很强。

她每个弟弟结婚，她都拿出了几十万元，她觉得自己有义务付出。她的公司里塞满了老家来的亲朋好友，她觉得成功了也该反哺家乡父老。

合伙开公司，她不光任劳任怨，还很仗义，公司其他合伙人都分红了、买房了，她还是不买，她说自己要最后一个分红。

每年的公司年会上，她都不醉不归，还带着孩子参加年会，孩子躺在车里抓着 iPad 就睡着了。她的辛苦，连员工看见都能落泪。

她老公多次抱怨她的"大度"，他总说："你把对别人的好拿出来分我点行不？"

直到她觉得自己很累、很累，她有了第三者，要求和老公离婚。

她老公在她的人生排序表里，低于宗族、低于父母兄弟、低于事业、低于功名。

人生排序，是需要我们停下来认真对待的。我曾用一周时间，详细整理了自己的人生，排在第一位的是我自己的心灵平和，排第二位的是我的配偶，接下来才是事业、金钱、孩子、朋友……

这样，当排位靠后的事情（比如朋友的请求、加班的需要），和配偶的感受相冲突时，我就可以毫不犹豫地做出选择。

可在中国的很多家庭里，夫妻双方，尤其是男人，总爱把事业排在家人之前，客户咳嗽一声，他都得赶去嘘寒问暖，老婆抱怨一周，他也不会关心一下。

而且不少男人把功名利禄明晃晃摆在感情之上，像《破冰行动》里的马云波，如果不那么介意自己"扫毒英雄"的功名，他也就不会受制于毒贩，最后连老婆也为了保护他的名节而自杀。

这是很多夫妻离婚的原因，有一方或者双方太不重视配偶。

第三个真相：夫妻不和就找第三者

有一次，我开车，我老爸在后排陪孩子，孩子晕车难受，我老爸一会说"没事没事，不难受不难受，这都不是事儿"，一会逗她说"哎，你看你看，大高楼、大汽车"。

我猛然发现，原来我一直以来对待矛盾的方法，就是老爸教我的：不是骗自己，就是在逃避。

我要么安慰自己"没事没事，那些比你难受得多的人，都挺过来了，你这都不算事儿"，要么转移注意力，给表妹打电话、狂刷朋友圈、淘宝购物。

还好，我转移注意力的方法不是找第三者。

正常夫妻间，有矛盾是正常的，可是怎么正视矛盾，这便是智慧。

比如常见的男人打游戏、男人不洗碗的问题，会吵架的女人，吵一次就可以订立一个合同：

下次打游戏后你要洗碗，或者下次你打游戏，我出去健身，之后我们一起洗碗。

这样，大量的矛盾都能通过合同解决。

难就难在逃避问题，出轨就是最典型的逃避表现。

比如，嫌亲密生活太少，光抱怨、指责是解决不了问题的，关键是两个人订立协议，频率是多少、下次谁主动提，这些细节双方都可以协商（这就是我们法律家庭的特色）。

可不少中国男人不是这样。当夫妻之间有了矛盾，他们要么就假装没事，很久都不去谈这个话题，而下次又碰到同样的事情，还是要吵架。要么就转移注意力，出去找别人，婚姻内的问题，却到婚姻外寻找答案。这样结局往往是不愉快的，娶了出轨对象的人，那是极少数。可因此破坏了婚姻的，却大有人在。

两口子过一辈子，就像携手去进行生命的旅行，能互相做"驴友"是最自在的婚姻，你欣赏我的有趣，我尊重你的空间，重要的是互相陪伴。

我们要先有共同的、类似的"目的地"，途中的路线怎么设计，那是可以协商的。当我走得太快，我可以等等你，可是你别把旅行放之不管，去做其他的事情，也别扔下我去找其他人。

最后，祝福大家都能"执子之手，与子偕老"。

婚姻的最大杀手：冷暴力

文 / 非也

你被冷暴力了吗？

"我到底做错了什么，该当受此惩罚？"

——玛丽·弗朗斯·伊里戈扬《冷暴力》

美国有个婚姻关系学专家，约翰·戈特曼，他研究了一辈子婚姻，总结出4个最容易导致关系破裂的因素，还给它们起了一个特别暗黑的名字以增加惊悚效果："末日四骑士"！

批评、狡辩、蔑视和筑墙。这四大"骑士"中谁最有杀伤力？是蔑视。

为什么蔑视的威力这么强大？很简单，伤自尊啊。冷暴力的核心特点就是蔑视你的存在，无视你的自尊。

婚姻冷暴力，包括冷淡、轻视以及放任和疏远。最为明显的特征就是对爱人表现得漠不关心，同时语言交流也降到了最低限度，甚至停止或者是敷衍性生活，懒于做一切家庭工作。

实际上，冷暴力会使伴侣精神上和心理上受到侵犯和伤害，是一种精神虐待。

莫妮和卢克结婚已有 8 年，半年前，卢克有了外遇。他向莫妮坦白此事，还说他无法在两个女人间做出选择。他不想离婚，又想继续保持婚外情。莫妮断然拒绝，丈夫便离她而去。

莫妮整个人崩溃了。她日夜哭泣，吃不下也睡不着。她出现了因焦虑而身心失调的症状：出冷汗、胃疼、心跳过速。

她不是对带给她痛苦的丈夫生气，而是对抓不住丈夫的自己生气。

要是莫妮能生丈夫的气，还比较容易恢复。她可以认定，是因为对方很恶劣、暴戾，自己才会生气，这么想会使她不想让对方回心转意。

但实际上莫妮正处于震惊中，她否认现实，宁愿等待，即使等待意味着受苦，她也觉得更容易些。

卢克要求莫妮定期与他见面，以维持两人的感情，如果她不答应，两人就从此一刀两断。所以她不敢疏远卢克，怕他会忘了自己。

她难过时，卢克不想陪着她。他甚至在精神分析师的建议下提出要莫妮与他的情人见面，"好把话说开"。

他好像从未考虑到妻子所受的痛苦，而只顾表达他讨厌她了无生气的行为。他怪罪妻子，认为是她没办法与自己生活，借以逃避自己对两人分手的责任。

不肯为婚姻失败负责，往往是导致冷暴力的根本原因。这样的人是真"渣"，既要伤害你，还要占据道德制高点，让你欲哭无门。

不幸的是，冷暴力在生活中比比皆是。它的伤害比武力暴力更深重。

1994 年，哈佛大学公共卫生学院的汤利斯教授带着 7 名研究学者走访了 12 个国家的 22 座城市，主要研究家庭暴力与妇女抑郁症发病率的关系，其中包括我国的两个城市。他们一共调查了 1400 多个家庭。

结果发现，存在比例最高的问题之一就是冷暴力。而且，冷暴力的发生并不会因为各个家庭的宗教背景、文化背景，或者是教育背景和经济收人的不同而不同。

冷暴力是怎么形成的？

施虐者不言而喻的信息是"我不爱你"，但始终不说，却又以间接的方式透露出来。

想离婚，直接说就好，为什么一定要用这种互相折磨的方法？

这与施虐者的性格有关。

他们大多属于自恋型人格，总想控制一切，又不愿承认自己很"渣"。这种人多半价值感偏低，所以需要通过打击别人让自己感觉"大权在握"：如果别人没有价值，就表示我一定比较好。

丽娜到现在一想起跟前夫在一起的日子还觉得心有余悸。

他们从结婚到离婚，经历了 7 年多的拉扯，其间分居 6 年多，她一度崩溃得想要自杀。

本来，她是个很开朗的女孩，对未来也充满信心。遇见前夫后，她的生活却发生了 180 度大逆转，性格也完全变了。

刚开始，丽娜被他身上霸道的气质吸引。因为刚到这个城市，她有些忐忑不安，是他陪着她到处应聘。

后来，他还不辞辛苦地帮她找房子。周末，他又带着她去爬山，两人一起到处游玩。可是好景不长，很快他就不断地挑剔她。

刚开始，他一个劲地抱怨她的理想太不切实际。无论她怎么证明这种想法的可行性，他都有一大堆反面例子来驳回。

然后，他开始分析她的性格，甚至对她的家人评头论足。在他眼中，每个人都有这样那样的问题。可是，只要一谈论他的不好，他就立马原地"爆炸"。

当然，丽娜也没有那么容易被影响。于是，他开始专挑丽娜的软肋下手。

经过一次又一次的试探，他知道丽娜很善良，也不喜欢冲突。后来，双方一有不同意见，他要么就大发雷霆，要么就是十天半个月不接电话。

有时候，他还会跟她讲自己被人欺骗、背叛的痛苦经历，让丽娜从心底同情他，不忍心伤害他。然而，他用得最久也最频繁的方法就是失踪或者拒绝沟通。

好不容易回个家，他不是在睡觉就是在喝酒。

在外面他谈笑风生、意气风发，在家却像个局外人一样。

但是若丽娜想要做点什么，他会立马出来干涉。不商量，只是用他的方式把事情搞黄，然后又退回到"猎人"角色。

一般来说，冷暴力会经历两个阶段：人格腐蚀和公开暴力。

第一个阶段是"洗脑"，过程可能延续数年。

在这个阶段，受虐者暗中受到施虐者的扰乱，渐渐失去自信。

第二个阶段是施虐者向受虐者施加影响力的时期，其终极目的在于掌控他，让他毫无自主判断力。为牢牢地掌控受虐者，施虐者需要一种能够制造沟通假象的程序——单向沟通，目的不是维系关系，反倒是为了保持距离，阻止双方做有意义的交流。

看着昔日的爱人渐行渐远，丽娜总是忍不住想："我到底做错了什么，他要这样对我？我真的像他说的那样差劲吗？是不是我做得更好，他就会亲近我？"

旅行冷暴力的人很难对别人感同身受，他的一切情绪都是为了控制。

结果呢？很明显，越付出，越无力，如此周而复始陷入死循环，直至感情被"耗死"。

你的包容是助燃剂

冷暴力虽然可怕，却有个致命弱点：它只能影响自尊水平不够的人。

换句话说，自我认知足够清晰的人不会轻易被人控制。

这点跟催眠有点像。

莫妮和丽娜都是好女人，甚至是极好的女人，温柔且富有同情心。

这样的人即便遭遇不公，也会选择忍气吞声，想着用自己的包容去感化对方。

好的爱人会让对方感觉到自己被无条件接纳。错的爱人才会让对方觉得自己很糟糕。

从他一开始吹毛求疵时，丽娜就该警惕，她却选择了包容。到后来，他时不时失联，丽娜就该正视问题的严重性，她却选择了妥协。

莫妮更可悲，竟然到了这种时候还想着自己为什么没能留住对方的心。她没有意识到的是，自己即便做得再好，他也不会再回来。

我认识很多"贤妻"，她们事事都为对方考虑，却长期被忽视。每每委屈得半夜痛哭，她们第二天还是逼着自己强打精神，做好一切。

反而是那些泼辣的女人活得肆意快活。她们有什么说什么，丈夫一有不对劲就立马开启战斗模式，从不委曲求全。

也许你没有早发现，每个冷暴力男人背后都有一个委曲求全的女人，不然不早把他修理啦？

常听说：你的善良必须有点锋芒。

我深以为然，婚姻中也是如此。太温柔、体贴、宽容、忍让不是美德，是软弱，是助纣为虐。

如何避免和改变呢？

记住一句话：他不是不懂道理，而是就不想讲道理，却假装自己很讲道理，让你觉得自己毫无道理。

总之，不要试图和这样的人沟通。那我们该怎么做？

1. 调整应对方式

受虐者应认清虐待的过程，并明白自己为婚姻或家庭的冲突负全部责任是不合理的，然后再来冷静客观地分析问题，把罪恶感摆在一边。

2. 行动

由于受到掌控，受虐者一直过度委曲求全，现在必须改变策略，坚决行动，不畏冲突。

3. 心理对抗

为了从心理上对抗虐待行为，支持是不可或缺的。有时只要有一个人表达信任，无论在什么情况下，都能使受虐者重获信心。真正有价值的支持来自懂得陪伴、提供帮助、不做评判的人，这种人不论遭遇什么事都会诚实地面对自己。

婚姻启示录

文 / 茗荷

"说真的，我不拒绝恋爱，但我对婚姻没有任何期待。"

30岁的琪琪是那种人见人爱的知性美人，身边也不缺追求者，交往过几个很不错的男朋友，但每当对方表示出想要结婚的念头时，她就找各种理由把对方赶走了。

现在这个男朋友之所以还没被赶跑，是因为他抱有同样的想法：恋爱随意，结婚免谈。

琪琪的心态在现代年轻人中很有代表性，不少人虽然迫于父母的压力结婚了，但也只是在社会主流中选择了妥协而已，与自己内在的动机并没有太多关系。

原因很显而易见：一是，中国式的婚姻从来都不是两个人的事；二是，觉得那么漫长的时光里只爱一个人是不可能的。

但我们真的是在怀疑婚姻吗？还是在质疑自己不敢直面问题，抑或是在质疑爱本身？

带着这样的疑问，我们采访了很多已婚女性，她们年龄层次不同，婚姻状态也不同，有的过得幸福，有的越来越想从婚姻内逃出去。我们询问了她们对于婚姻的感受。或许，她们的故事能启发你我。

01
素素，28 岁，行政单位工作人员
婚姻感受：简单，知足

素素与老公在大学时就是情侣，也是彼此的初恋。两个人结伴来到上海工作，由于户口没能解决，几年以来一直没有购房资格。素素并不像很多女性一样那么在意房子，在她看来，彼此的感情才是最珍贵、最关键的。

他们租房子结了婚，很快素素便怀孕了。索性他们在孩子生下来后在更远的地方租了一间大房子。

当大宝不到 3 岁的时候，素素又意外怀了二胎，本来娘家人心疼女儿，不主张这么早要这个孩子，但素素认为，孩子也是一场缘分，既然来了，就克服困难生下来吧。

或许有人会觉得，她敢生二胎，是因为有个特别体贴的老公，然而事实并非如此。

同很多老公一样，虽然素素的老公爱她、呵护她，但不能理解为什么妻子有了孩子后就像变了一个人一样，不再那么关注他了，他感受到了巨大的失落。

他们曾在很多个夜晚吵得不可开交，但是也能很快和好，因为他们都懂得：他们之间的感情深厚，不能轻易放弃。

"有时候，我觉得我们对白首不相离的信仰，让我们可以立场一致地去处理问题，这大概是一个秘诀。"

02

甜甜，35 岁，教师，兼职外贸采购
婚姻感受：被背叛却又不甘心放开

"我想，在没结婚的时候，很多人都会把婚姻和美好、温暖等词汇连起来，但事实上我的感受并非如此。"

甜甜的老公是外人眼中不错的结婚对象，独子，名校毕业，也很帅气，在 IT 公司做研发。两个人恋爱的时候感觉非常不错，于是夫妻俩共同筑起了爱巢，也算是幸福甜美的一对。

但是随着孩子的出生，甜甜发现婚姻给她的感觉变了。孩子年幼的时候，家里又是老人的大嗓门又是孩子时不时的哭声，作为妈妈又何尝不感到累和吵闹呢？只因是妈妈，一切她都是自动自愿地在承担，努力地学习成长。

但是老公加班回来越来越晚，貌似不愿意待在乱哄哄的环境中，所以在家庭事务当中参与得越来越少了。出于心疼老公上班辛苦，甜甜不太拿家长里短的事情去烦他，可后来她发现不对劲了。

婆婆一直在单方面诉苦，她又从不辩驳。时间长了，老公认同了婆婆的很多观念，对她越来越冷淡。到后来，连夫妻间最基本的沟通也没有了，双方关系跌至冰点。

她说："出轨几乎是必然。"丈夫很快恋上"看起来善解人意"的同学。事情败露时，甜甜陷入了一个巨大的情绪深渊，她想过放弃，但又有些不甘心。

"我也有责任，我太惯他了。"

目前，她还是一个人带着这种矛盾的心理活在婚姻中。

03

馥梅，42 岁，外企高管
婚姻感受：喜忧参半，荣辱与共

馥梅是外企高管，管理着一个 20 多人的团队，日常工作非常忙碌。业余时间，她还保持着健身和画画的爱好，所以人看起来知性而美丽，是那种既有女性魅力又不缺乏力量的人。

她老公是一名大学老师，相对更为清闲一点，所以照顾孩子和家庭投入得更多。

谈到婚姻，她很知足，在老公的影响之下，孩子很喜欢看书，成绩也很好。家庭的结构也比较好，符合双方的需求。自己更喜欢工作上的成就感，所以她对工作倾注的心血更多。

谈到自己对婚姻的认知，她说："不用给婚姻美化，这不是王子和公主的童话故事，但是也不是处处防备的战场，本着一颗平常心，过着一份恬静而平淡的日子就好，我很满足。"

其实，馥梅和丈夫的恬淡生活并不是一开始就有的。

和很多夫妻一样，他们之间经历了婆媳矛盾、出轨又回归、亲人忽然去世、投资失败等很多事情，只是，他们双方没有简单地放弃，而是非常诚恳地一起探讨了人性的弱点和婚姻制度的优劣，在一次次坦诚沟通中找到了出路。

04

栗子，55 岁，自由职业者
婚姻感受：彼此尊重和允许

如果不是栗子的头发有所暴露，我根本看不出来她的年纪。她身材娇小，常年自然状态下的规律生活使得她的肌肤看起来健康而有光泽。

让人印象深刻的在于，她身上有少女般的热情和活力。她仔仔细细地帮我切水果，专注地为我沏茶，讲到兴奋之处的时候，甚至会跳起来。

40 岁之后，她就搬到了郊区的这个院子里。一天之中的大多数时间，她都在摆弄院子里的花草，比她小 6 岁的丈夫下班回来后也会来帮忙。然后他们用院子里的有机食材做几样简单可口的饭菜。

栗子在忙活的时候，除了帮忙，丈夫有很多时候都在专注地看着自己的妻子，就像是欣赏作品一般，那种和谐，让人感觉十分美好。

"我和丈夫都是内在比较稳定而丰富的人，觉得最好的关系就是彼此允许和尊重，我们看不见对方或者联络不到对方的时候，从不慌张，也不担心彼此有其他关系，就是一直心很定的那种感觉。"

在这样的感觉当中，他们携手走过了 20 多年，也一起应对了很多风雨，共同孕育了一双儿女。

这并不是栗子的第一段婚姻，她曾经遭遇过前夫的出轨，但她并没有因此怀疑爱情，她一直过得很有活力，后来就遇到了可以真正让她感觉到自由的伴侣。

"你知道，两个自由灵魂的爱是会让人一次次不断重新爱上对方的，那与控制和恐惧下的爱是不同的。"

与很多正处于婚姻状态的女人聊过之后，我忽然发现一个真相：把婚姻经营得好的人，其实是对自己的内在探索得特别到位的人。越是看到内在完满的人，越容易在婚姻中幸福。

因为，她们即便单身，也有幸福的能力。

如果说有什么启示，可以参考的是：

1. 越是不把婚姻和其他东西捆绑的关系越容易单纯幸福

在他人眼中般配但其实内在并不匹配的夫妻，没有遇到事情还好，一旦陷入鸡毛蒜皮的事情或者是其他危险，他们很容易熬不过那些脆弱的时光。但好好爱过，并且真心希望对方过得好的夫妻，更容易经受住生活的洗礼。

2. 幸福的婚姻需要彼此有勇气直面人性深处的障碍

几乎所有情侣都会面临这样一个问题，那便是你面前的对象很容易就会由刚开始的发光体渐渐变成你眼中平庸的人。

随着生活中琐碎事情的磋磨，这种转变还会更明显。不少人在这个时候，没有深入下去面对自己内心深处的障碍，而是通过沉迷事业，或者进入其他关系去逃避。

这是非常可惜的，亲密关系遇到障碍，恰恰是我们了解自己和人性的一次绝佳的机会和窗口，如果在此时能借机深入下去，会加深对生命的理解，也会拉进彼此的关系。

3. 好的婚姻需要彼此有不断重新爱上对方的能力

一辈子爱一个人可能吗？很多人认为不可能，但同时也有很多人做到了。

我们观察了很多相爱到老的人，发现他们都有一个可贵的优点：一方面他们的生命在不断推陈出新，自身拥有对生活的热情；另外一方面他们能不断看到对方身上的优点并予以感恩。

正如复旦大学老师陈果所说的那样："永恒的爱情，就是你和他一起，共同度过一次又一次阴晴圆缺。"

离婚，都是被逼出来的

文 / 时敬国

生了二胎我没抑郁，老公却抑郁了

如果婚姻里的两人中，有人得了抑郁症，多数人会觉得，抑郁的一定是妻子，因为妻子抑郁的理由太多了：

婚前婚后落差大可能抑郁；

孕期可能抑郁；

产后可能抑郁；

老公出轨可能抑郁；

工作和家庭都要操劳，没有自己的空间可能抑郁……

而男人呢，结婚后似乎只管好工作就好了。家务嘛，心情好就干些，心情不好就装忙；孩子嘛，高兴了就陪孩子玩玩，不高兴就不管。

总之，看起来婚姻里总是女人付出更多，被拴牢且没有选择，而男人只是把婚姻当成大后方，自己在外面的生活丰富多彩，怎么可能抑郁？

但事实好像并非总是如此，最近就有一位女性朋友说，她的丈夫抑郁了：

她嫁了个当公务员的老公，老公算是个中层干部。她几年前生了个男孩，几个月前又生了个女孩。

在外人看来，这个家庭很圆满。她虽然累了些，但情绪还算稳定。

然而最近，她老公检查出了重度抑郁症，随后提出了离婚。

蒙圈状态的她问老公：你是有别人了？

老公说：没有，我就是在这个家过不下去了。

原来，她老公在工作上压力挺大的，本来喜欢去打打球，调节一下状态。有了老大之后，她不再让老公去打球，总想让老公陪着自己。

早在结婚之初，丈夫就已经不再有机会出去和朋友吃饭，应酬。她对丈夫管得很严，不能抽烟，不能喝酒。以前老公喜欢打打网络游戏，结婚后也不得不戒掉了。

老公说，几年下来，日子过得生无可恋。在她一次次的抱怨和指责声中，他越来越沉默压抑，他看不到她有改变的可能，所以他要离婚。

男人的抑郁，往往是因为隐忍太久

女人刚生了第二个孩子，一定非常辛苦，如果没有老人帮忙，可能自己还要同时带着老大。如果不管老公，老公可能就总会到外边应酬、打游戏、躲起来抽烟……

我们相信，她在家里要承担很多，还要跟"不懂事"的丈夫生气。所以，要说是她得了抑郁症，大家会觉得合情合理。

但偏偏，得抑郁症的是她的老公。

所以，我们肯定漏掉了什么。

上面这位妻子，她对丈夫的很多要求其实是正当的。

比如，别当着家人的面抽烟，别只顾打游戏而不帮忙照顾孩子、不做家务等。但是在提这些要求时有没有夹带"私货"，我们就不可知了。

从一些事件的描述来看，她对丈夫的态度和手段是带着一定的攻击性的。

丈夫说到了她的"抱怨和指责"。她强行关掉丈夫正在进行中的游戏页面，或者把他刚买的香烟扔到垃圾桶的时候，或许还会有一些行为或语言上的攻击。

简言之，妻子很有可能通过这些具体的事情，狠狠攻击了自己的丈夫，虽释放了自己的负面情绪，日久天长，却让丈夫在饱受攻击下，对婚姻再无留恋。

可能有人会说，男人可以表达，可以反抗呀。但实际上，男人往往是不喜欢冲突，回避冲突的。

和女性喜欢谈论关系、解决问题相比，男性更习惯于隐忍。

男人不善争辩，也不喜争辩，而且如果和妻子发生冲突，一般会处于舆论的下风。吵架能占上风的男人是少数，家暴妻子的男人也是少数。

所以，大多数男人采取的处理压力的方式，更偏向于单方面地躲避，不和妻子以直接面对面的方式处理婚姻问题，在躲避时也捎带着释放自己事业上的压力。

当一个人处理压力的途径被切断，就会出大问题。

每个人都会承受生活的各种压力，也会采取不一样的方式来应对。

有些方式很温和，不伤害别人，也不伤害自己，我们就会觉得比较健康，比如适当地运动、旅行；有些方式看起来不怎么健康，比如喝酒、抽烟、打牌；也有一些方式纯属是在压抑，伤害自己，比如憋着、硬撑；还有一些方式会伤害别人，比如借着各种事情攻击他人。

很多妻子都会向老公诉苦或抱怨，即使对方不做什么，这种抱怨指责也会减轻自己的一些痛苦。但问题是，对方的痛苦可能因此增加。

男人多数通过一些嗜好来缓解压力。

有些嗜好对别人没有太大害处，但对自己的身体会有一些害处，比如抽烟、喝酒、玩网络游戏。

还有一些嗜好看似有益实则也是一种瘾，比如过度运动——有些男性会通过自虐般的运动，比如超过身体承受能力的夜跑，来以痛止痛。

所以很多时候，我们会看到半夜时分，街道上还有人在卖力地奔跑。甚至有时候，那些不顾身体深夜加班的人，也是在用工作来处理人生其他方面的痛苦。

这些方式，有些结果看起来是好的，比如赚到了钱，身体变好了；有些则是坏的，比如伤害了彼此的感情，弄坏了自己的身体。

在上面的故事里，丈夫本身没有很好的处理压力和痛苦的方式，他本来习惯通过和同事喝酒，或者打游戏这些方式来缓解压力。但这恰恰成为妻子攻击他的武器，成为"他是一个不合格丈夫"的"罪证"。

另外，这些方式也被妻子强势地阻断。

于是在负面情绪方面，他成了一个"只进不出"的容器。工作上、家庭上的压力，再加上妻子额外施加的情绪暴力，终于把他压垮。

不要轻易剥夺别人赖以活着的"恶习"

作为妻子，当然有责任让丈夫养成更好的生活习惯。

如果他接触一些非法活动，那应该毫不犹豫地监督他放弃这些"爱好"；如果他抽烟喝酒，也可以试着说服他寻找更好的替代方式。

但如果他只是偶尔打打游戏放松一下，或者喜欢一个人静一静，那么，不要经常打断他的自我修复。

在心理学中，很多时候各种所谓的"症状"，比如酒瘾、烟瘾、网瘾以及各种依赖……都会被视作有积极意义的行为。

是这些看似糟糕的事情，让我们可以避免遭遇更痛苦的事情，比如轻生的念头。

从这个角度看，要让一个男人摆脱不好的习惯是有前提的，那就是你要确保自己能给他更好的缓解痛苦的替代方式。

如果没有，那么当你把他这些看似丑陋的"人生拐杖"夺走的时候，他可能会变得更糟糕，比如——抑郁。

抑郁，用通俗的词来表述，就是一种"生无可恋"的感觉。而这个感觉，不会被外人所理解，比如：

你一个男人，不用生孩子，不用坐月子，凭什么抑郁？

男人隐忍的痛苦，被女人低估了

之所以写这篇文章，并不是要把某个案例分析得明明白白，看看到底是女人在婚姻中承受得更多，还是男人承受得更多，而是希望大家看到：

在婚姻的谈论中，男人的懒与恶，被放大了，而他们隐忍的痛苦，被低估了。

为什么呢？

1. 男人很少参与这种谈论，这是男人天生的一种习惯

"自己的脆弱和痛苦有什么好说的，看我做事的结果就好了。"

他们更愿意通过自己的方式对家庭做一些承担，如果你对这个观点不认可，看看一些女性在离婚时的状况，大概会理解到。

很多女人，能说出男人的一堆恶劣行径，但仍然不肯离开对方。这很可能是因为，对方有一些难以言说的承担。

2. 男人和女人处理压力和痛苦的方式，真的不一样

男人处理压力的方式女人搞不懂，就像搞不懂为什么烟味儿难闻，但有些男人就是要抽烟，酒很辣但有些男人就是要喝酒。

他们知道酒不好喝，还不停地喝，为什么呢？因为喝多了，可以暂时避开一些痛苦。

两痛相权取其轻，如此而已。

婚姻里的男女，各有各的不易。如果能彼此减轻一些双方的痛苦，自然是理想的状态。如果不能帮助对方承担，至少我们应该不去给对方雪上加霜。

如果真的对彼此有要求，要在理解对方处境的前提下，提出适当的建议。如果对方可以做到，一定会去努力。

一定要避免的，就是借着自己的痛苦，给对方制造新的痛苦。如果对方还击，那就进入了冤冤相报的恶性循环；如果对方一直隐忍，那最终在未来的某一刻，你会发现：有个人，心已经死了。

那些婚姻的侵略者，后来都怎么样了？

文 / 素衣回中原

很多读者在后台留言：我特别想知道，那个娶了第三者的男人，有没有后悔，过得幸不幸福。如果他不幸福，我就开心了。

婚姻不易，分开之后，还能做朋友的，我当真没见过几对。因出轨而离婚，后来娶了第三者的婚姻，就更不可能得到祝福。

多的是，"我不好过，你也别想好过"的鱼死网破。就算自己的能力无法企及，也会占据道德制高点："你现在有多渣，后面就会有多惨。上天都不会放过你。"

渣，真的会遭报应吗？

真相却是，未必。

据我所知，有不少第三者，过得其实还算不错。

有些第三者，虽然没能走进婚姻，却和对方保持了长达几十年的情分。遇到什么棘手的事情，对方出钱出力。除了一纸婚约，什么都不缺。

我不鼓励谁去做第三者，但有个扎心的真相，我们也需要明白：道德审判，因果报应，放到婚姻里，有时候不过是自欺欺人。真正能维持婚姻幸福的，也许另有原因。

那个下场最惨的第三者

10 年前，因为工作关系，我认识了一个女孩子，长得好看，人也单纯，妥妥的"傻白甜"。

她在一家小型贸易公司做文秘。

老板很年轻，公司虽然不大，但业务蒸蒸日上，用他的话说，那两年真的是，拿钱点烟都不心疼。

老板娘自己有工作，平时不来公司，做业务是一把好手。公司业务往来，几乎大半都是老板娘找来的人脉。男人能力也不差，悟性极高，很快就把资源盘活了。

在同龄人大多还在租房的时候，他们已经买了 3 套房产，开上了好车，成为朋友圈里人人艳羡的精英样板。看起来，一切都很美满。

只是，男人的虚荣心常常被低估。老婆怀孕之后，他就和公司的小文秘对上了眼。

按理说，那边独立精彩，这边小鸟依人。孰轻孰重，应该一目了然。但他还太年轻，经不起成功的诱惑。

而她，原本只是个小职员，年轻貌美，追求爱情至上，选择做了第三者。

不是所有的第三者，都像传说中那样心机满满。她一直算不上有心机，她说，我对他是真爱，哪怕他身无分文。

世间最傻的，恐怕就是这种第三者。她们宁肯背负骂名、搭上后半生的幸福，也不愿意割舍那个男人。

这对男人来说最好不过，老婆、孩子、情人，房子、车子、公司，全都有了，多好。

老婆在怀着 5 个多月身孕的时候，知道了这桩丑事，要求他辞退第三者，做个了断。

他左右摇摆，磨掉了老婆的耐性。两人很快就谈妥了条件：车子和公司归他，3 套房产归老婆。孩子出生后，每个月再给 1 万块的抚养费。

让他没有想到的是，自从和前妻离了婚，公司业务就开始直线下滑，前妻也打掉了肚子里的孩子，将他从生活里彻底抹掉。

短短 3 年时间，他的业务就做不下去了，之前的渠道商，都渐渐不再合作。他只好关掉公司，带着第三者回到老家发展。在老家，他的事业依然没有起色。男人时不时叫上一帮哥儿们，去钓鱼散心。

不知道什么原因，他们也一直怀不上孩子。

而前妻坐拥北京的 3 套房产，身价飙升。她熬过了背叛的苦，找到了理想的伴侣，早已结婚生子。

听起来这是一个"因果报应"的绝佳案例。

其实不然。

只是因为，原先的一手好牌，男人以为都是自己挣来的。离婚后，前妻不再帮他，还把之前的人脉都收了回去。

他缺了得力的人脉资源，加上根基不稳，自然越过越难。

想起以前的风光，他只怕是肠子都悔青了。

那个第三者，是我见过的比较专一的一个。但是几年后，她也说："我要是再找，也找不到合适的人了吧。当初怎么就看上他了呢？"

当然是看上他风流多金、一身才干。金钱和实力，才是男人永恒的吸引力。

总不至于，是看上他身无分文、只会钓鱼吧？因为命运的不堪，而不得不绑在一起的两个人，能有多幸福呢？

那个幸福的第三者

幸福的第三者，当然也有。

后台就有一位读者，她的老公，就是在背叛了前妻之后，和她走到一起的。

现在，他们的孩子已经 10 多岁，老公对她一直不错。

婚外情暴露之后，躲起来回归家庭，或者假意分开、背地里继续出轨，是绝大多数男人的选择。但是，这个男人没有这样做。

他做了三件事：

首先，面对外界的非议，解释这一切都是他的错，第三者对他的婚姻根本不知情；他和妻子的感情早就消磨殆尽，离婚是早晚的事，就算没有她，也是一样。

其次，他们原本是上下级的工作伙伴。为了避嫌，他主动离职去了另一家公司。

最后，离婚，娶她。

你以为这靠的是婚前那点激情？当然不是。

激情再浓，撑不过 3 年，就会淡下去。

他们之所以能相爱十几年，是因为她从来不把婚姻当成自己的全部。

她从来不去质问一个男人，为什么总是加班却不陪她？为什么对孩子不管不顾？是不是不爱她了？

酒局正酣，女人们的查岗电话接二连三地打过来，她从不催他。

他厚待前妻，她亦从不多言。

男人说，她就是有魔法，让他在她这里，觉得相处得不累，很舒服；无论飞得多高，他都不会得意忘形。

而相处得让人舒服，其实是一个人的顶级魅力。

她说，"我从来没有想过，要从婚姻中捞得什么好处。

"钱，我可以自己挣。婚姻对我来说，最大的意义，是我喜欢婚姻里的自己。

十几年了，它没有摧毁我的自信。如果有一天我发现自己变得面目可憎，我也会离开。"

如果说，两人一开始或多或少有激情的成分在，但十几年的相伴，他们依然感情甚笃，这让那些原本不看好他们的人，也渐渐放下了偏见。

一个中年男人出轨的故事，在他们这里，变成了幸福结局。

婚姻不是谁的避难所

作家刘瑜曾经写过，爱情是庸人的避难所。

一个人很容易把对自己的鄙视，误解为对爱情的需要。

爱情的伟大之处在于它可以遮蔽一个人存在的虚空，爱情的渺小之处在于它只能遮蔽这个虚空而已。对于解决自我的渺小感，爱情只是伪币。

对于婚姻来说，也是一样。婚姻不是避难所，想进去避难的人，迟早会被赶出来的。

有的人，谈恋爱、结婚，不是为了找到情投意合的伴侣，而只是为了给自己找一个可以坐享其成的归宿。这样的婚姻，无论经历多少次，都不会幸福。

有多少嫁进豪门、坐享安逸的人，主动折断了翅膀，失去主动权，最终不得不以悲剧收场。

有时候，男人也会助推一把，毁掉她的经济来源，切断她的社交，用孩子困住她，用一堆家务累垮她。有朝一日她就算清醒了，也已经失去了独立的能力。

你有没有发现，越是不把爱情当救命稻草，越容易得到爱情。越是把婚姻抓得太紧，越容易远离幸福。

婚姻幸福与否，与第三者无关。

无论什么时候，想要获得幸福的婚姻，请记得这几点：

1. 干干净净结束，再清清白白开始

这是对感情、对婚姻最起码的尊重。做到这一点，才不至于把对方置于风口浪尖。

那些为了所谓的真爱，不惜留下污名的人，此后的人生，将加倍艰难。在娱乐圈，一旦出轨，前途尽毁。多少明星至今仍未翻身。作为普通人，非议带来的伤害，并不比明星少。

不是不允许你离开，但是，请干干净净结束。不是不允许你变心，但是，请清清白白开始。

2. 别把婚姻当跳板

你越弱，越得不到尊重。这句话同样适用于婚姻。

谁也不傻，男人也希望自己的另一半有本事啊。所以，别指望人拯救你于水火，能拯救你的，从来只有你自己。

3. 别把婚姻看得大过天

找到真爱不难，难的是，保持真爱的稳定性。如果你把全部指望都寄托给别人，那你注定要失望。婚姻只是人生的一部分，万一不幸福，那也没关系。人生啊，乐趣还多着呢。

4. 婚姻无法填补自我价值

就算有幸找到了一个人，几十年如一日地宠你，你也不一定会感到幸福。因为人真正的幸福，在于实现自我价值。比起婚姻失败，其实，我更怕，自己这一生一事无成。

女人必须知道的三大婚姻真相

文 / 江垚

　　《最完美的离婚》是一部婚姻家庭剧，讲述的是两对普通的年轻夫妻，由离婚而引发的一系列故事，通过日常琐碎的生活细节，探讨了婚姻的本质。

　　男主光生和女主结夏相识于一次日本大地震的街头，因为莫名聊了很多，互生好感，于是就步入了婚姻。然而两年的婚姻生活却让两人都异常困扰，因为他们"没有一件事是合拍的"。

　　男主是个神经敏感又关注细节的小资品质男，而女主则生性豁达开朗、不拘小节；

　　男主喜欢家里整齐划一，女主却总是丢三落四，把家里弄得一团乱；

　　约着去看电影，永远是男主早到，要等迟到 10 分钟的女主；

　　男主想留着自己享用的甜点，却被女主用来招待她的朋友……

　　最终，一盒没什么大不了的甜点，成了两人离婚的导火线。

　　对于男主来说，结婚就是一场没有尽头的拷问；而对于女主，她已经完全迷失在要如何配合龟毛挑剔的老公的困惑中。

　　这部电视剧播出后广受好评，里面讨论的婚姻观和家庭观，既现实，又无不透露出一种豁达的智慧。

作为女性，尽早识破婚姻的这三大真相，或许能过得更从容一些：

女人喜欢上了就会谅解，
而男人喜欢上了就会变得斤斤计较

和电视剧里的情节几乎一样，我身边一对结婚不到三年的夫妻最近也离了，离婚导火线是老婆在没同老公确认假期安排的情况下，和朋友们约好了出去度假。

老婆的个性和《最完美的离婚》中的女主结夏很像，大大咧咧，没太多心思，而老公就相对细腻敏感很多。

因为老公不喜欢出门，喜欢宅在家，所以老婆就没多考虑他，往常也是如此，然而这次两人却闹得不欢而散。

原来这次男方希望女方能陪着他回一趟老家，但他自己又没说，他以为老婆应该能主动提出来。

就是这么一件事情，让这位老公彻底爆发了，细述了女方这几年在婚姻中的种种不符合他希望的例子。

这位老婆后来和我们聊起来时说：

"我真的没想到，他一件件一桩桩都记得那么清楚，什么我喜欢的衣服颜色太暗，什么我吃饭的时候会无意中吧唧嘴，连我第一次见他妈没主动叫人他都记得，我真是服了！"

都说男人的心胸应该像大海一样宽广，这种话放在现今社会，最好还是当个笑话听听就好了。

事实证明：男性心思细腻敏感起来，女人都比不上。

女人们也敏感、细腻，但多数是情绪、情感上的敏感，女人们善于观察和探究，但是她们观察探究最后得出的结论多半是：他不爱我了。

这个结论背后的含义其实是：可我还爱他。

但男人和女人不同，他们不光是对情绪有敏锐的感知度，配合男性本身相对理性的特质，他们更喜欢在一些细节上观察和论证，最后就会得出他们潜意识里希望的那个答案。

比如：她其实不是我的理想型。

这个结论背后没有什么含义，只有一个下一步的行为指向：分手 / 离婚。

所以婚姻的第一大真相就是：女人在婚姻里往往是用心去体验，逐渐"陷入"的那一方；而男人则是用脑去论证，慢慢"抽离"的那一方。

这么说并没有好坏对错的价值观批判，只是基于男女在婚姻中的不同节奏而言。

早一些认识到这一点，或许在一开始进入婚姻时，我们就能掌握好双方的节奏，不至于一方陷得太快，而另一方为此感到压力，反而奋力挣脱，情绪日积月累，导致一拍两散的结果。

对你来说视如生命的东西，
在对方眼里可能像马桶圈一样随意可扔

男主光生念念不忘的前女友，说起当初为何分手，终于忍不住吐露了多年以来心中对光生所存的芥蒂，因为她心中所珍视的梦想，却被光生视若无睹甚至还取笑一番。她无法忍受，主动结束了关系。

不是作为男友或丈夫，他就有能力或有义务完全理解你和接纳你，

包括你的观点、梦想甚至价值观。

王源曾因为一首歌上了热搜，他在综艺《我是唱作人》中演唱自己创作的歌曲《世界上没有真正的感同身受》时崩溃大哭。

歌词写道：

这世上除了我，只有千万个你。

你说天塌下来你会陪我，可你又如何同感我寂寞。

……

世上没有真正的感同身受。

确实如此，不管曾经还是现在，无论对方表达得多么理解自己，多么地感同身受，但事实就是：世界上除了自己，没有真正的感同身受。

夫妻之间、恋人之间也是一样。

朋友小奥有一个谈了快1年的男朋友，因为双方年龄都不小了，便开始计划结婚，但就在结婚前2个月，小奥开始表现得焦虑不安。她来问我的意见，我才知道缘由。

原来男友在刚开始追她的时候表现得非常体贴，俩人算是一见钟情，而且还能相互说很多心里话，当时小奥感觉真的像是遇到了"灵魂伴侣"。

渐渐地，小奥发现男友开始以工作忙为由，不再主动和她进行心理上的沟通，甚至原本双方能谈的各自原生家庭的问题，男友也越来越反感，有几次还对小奥发火，认为小奥在探听他的隐私。

小奥感到十分困惑，为什么原来可以知无不言，现在却什么都避而不谈。

更让她难过的是，有些大男子主义的男友始终觉得，自己的工作是真正赚钱的工作（金融男），而小奥的工作（艺术生）不过就是消遣时间。当小奥和他谈起未来自己想举办一个自己的艺术展时，男友只是撇撇嘴，露出一丝不屑。

小奥在苦恼着要不要继续下去，要不要进入婚姻。

我没直接给她答案。婚恋关系中的人，基本可以用"清醒的瞎子"来形容，他们明明什么都知道，也什么都明白，但当旁人告诉他们该怎么做时，他们通常是抗拒的。

所以我只跟小奥说了一句，"对你来说视如生命的东西，在对方眼里可能像马桶圈一样随意可扔"。所有的后果需要她自己考量，所有的决定需要她自己做。

期待婚姻中的另外一方对自己完全感同身受，这一点本身就说明了你自己也没能做到"感同身受"，因为这一要求本身就没有道理。

然而，婚姻需要同频，如果连基本的尊重和理解都没有的话，那么再继续徘徊下去也没什么意义了。

男人如此幼稚，所以女人在婚姻里
要么选择做母老虎，要么就变成受气包

男人的幼稚几乎是一把"双刃剑"。在恋爱时、在婚姻甜蜜时，男人的孩子气可以说是非常可爱的，对于女人来说甘之如饴。

有句话说：男人真的爱你，才会在你面前表现得像个小男孩。

这句话有一定的道理，我也确实见识过像男孩一样的男人所表现出来的魅力。

女人们会把这些看起来幼稚的想法和举动当作男人只会在自己面前表现出来的那一面。因为特别，所以唯一，因为唯一，所以感到珍贵，并由此认为是遇到了真爱。

但在婚姻中，男人们的幼稚，有时是非常让人崩溃的。此时他们

的幼稚不是小男孩那种可爱的表现，而是缺乏思考和判断、我行我素的行为。

比如上面的两个例子：第一位丈夫幼稚地认为妻子应该满足他所有的期待；小奥的男友幼稚地认为追到手了就可以不再有精神的沟通，自己的梦想是梦想，女友的梦想就只是消遣。

他们会按照自己的设想来理解两个人之间的关系，理解对方的心理，却从来没有想过有些事是可以通过沟通和表达解决的。

在女人心里，男人的"幼稚"不是指具体做错了一件事，不是指烧煳了一顿饭，打翻了一瓶酱油，订错了旅行机票，而是一种面对问题的处理方式，一种面对婚姻和感情的态度。

然而，事实上，多数男人不愿承认，他们的一意孤行和回避沟通，解决不了任何问题。

在婚姻中，如果有可能，我们可以慢慢引导他"长大"。就像《最完美的离婚》中一样，光生通过一次离婚终于开始"长大"，开始懂得幸福的真谛。

以上三个婚姻真相，看起来很现实冷酷，但只有正视，才有可能让婚姻这架马车在一路的颠簸中继续前行。

亲密关系中的生态关系三问

文 / 江垚

8月28日，2019"全球女性创业者大会"在杭州举办，作为卸任前最重要的演讲之一，马云公开表示，卸任并不意味着退休，自己依然会继续创业。他认为现在很多男人比较自负，而未来的世界，婚姻的决定权在女人，并不在男人。

他甚至用略带玩笑的口吻说：希望我下辈子做个好女人。

不得不说，马云真的是一个非常善于利用受众关注点来炒作的营销大师，但他关于男性与女性社会地位转换的预判，还真不只是博人眼球。

这一场景未来或许真有一天会出现，法国反讽剧《男人要自爱》说的就是这样的事。

如果有一天，男人要"检点"、女人可"出轨"，会怎样？

世界上有两个国家的电影，在剧本创作上可以说是非常突出、脑洞清奇，让人看完后回味良久。这两个国家，一个是日本，一个是法国。

这部《男人要自爱》就是一部法国电影，讲述的是一个男女互换社会角色的故事。

男主达米安是个典型的浪子，借着外形优势，他在生活中喜欢和女性调情。他甚至设计了一款程序，专门用来记录男性一年的亲密行为频率，时不时还会在办公室里对着女同事讲"段子"，在街上冲着好看的女孩吹口哨，在咖啡馆调戏女服务员……

而他的好朋友和他也是物以类聚，明明已经成家立室，自己在外还是"彩旗飘飘"，而且当自己出轨被妻子怀疑时，他大言不惭地说："否认就对了，她也没证据。"

一副"你能拿我怎么样，有本事离婚啊"的态度。

原本这些场景在现实社会中都成了习以为常的社会现象，然而艺术总是源于生活又高于生活。转折就出现在男主和好友在街上看美女时不小心撞到电线杆子晕倒开始。

再次醒来，男主发现，自己进入了另一个世界，这里是女权社会，颇有一些《西游记》里"女儿国"的感觉。

在这个极端女权的社会中，女人负责赚钱养家，男人负责貌美如花；女人可以在公开场合搭讪男人，男人必须穿着保守，时刻"自我检点"；女人在职场占据大部分要职，占据绝对的社会经济地位，而男人则有可能面临被职场潜规则，甚至一言不合就开除的命运……

男主一开始是拒绝接受的，但很快他也被同化了，开始穿能取悦女性的服饰，开始接受自己是女性附属的事实。

这部剧有趣就有趣在，它几乎就是把目前的男女地位做了完全的倒置（除了生孩子还是女人的事之外）。电影中有个场景，男主的朋友发现妻子出轨了，好笑的是，朋友妻子用同样"你能拿我怎么办"的态度来应对，甚至直言"因为怀孕了，浑身都是荷尔蒙，所以失控了"。

好友甚至为了挽回妻子的心，去练瑜伽来瘦脸瘦身。

这番对白是不是像极了现今社会，男性对女性解释自己为什么会出轨时给出的理由。

因为你怀孕了，我有正常的生理需要，所以我出轨了。

因为你身材变胖了，脸蛋不美了，所以我出轨了。

因为在一起时间长了，没激情了，所以我出轨了。

……

当情况反转再来看的时候，是不是发现这样的关系模式非常不合理？

原来性别的不同从来都不仅仅是生理差异，在社会环境的长期概念化模式化下，已经变成了：女性＝自爱检点不劈腿，男性＝出轨可以被原谅。

为什么性别要和社会行为及道德判断画上绝对的等号呢？这是第一个需要思考的问题！

如果有一天，亲密的主导权变成女性会怎样

最近有一部国产片被很多影评人推荐，是姚晨主演的一部电影《送我上青云》，影片体现了女人可以主导自己欲望的意识。这说明越来越多女性开始意识到，在一段关系中，女性和男性在性上面的需求是平等的，而享受性的愉悦感也是平等的。

《男人要自爱》这部片子中，有一段描写的是男主在女权社会，在跟女人发生亲密关系时，女人成了掌控者，完事后倒头大睡，男主只能隐忍，甚至伪装迎合。像极了很多时候现实中的男女在亲密关系中的模式。

一份《中国人民大学社会学研究所调查报告》中称：67%的人仍

认为夫妻生活应该男人主动，女人顺从。

认为男性主导，所以导致女性顺从，或者认为因为女性倾向顺从讨好，所以导致男性的掌控和主导，其实都不属于公允的立场。

就像这部法国电影里所反映的现象：难道只是性别的倒置，就能解决男女在面对夫妻生活时不平等的问题吗？

显然不是。

为什么性别差异要和亲密关系的主导与顺从联系在一起？或者说为什么会有亲密关系的主导与顺从之分？这是第二个需要思考的问题！

如果有一天，职场不再问女性"如何平衡家庭与事业"会怎样

前段时间，张泉灵的一段采访受到关注。采访中，当被问到"作为一个成功女性，如何平衡家庭和事业"时，张泉灵直接回答："我要明确告诉你，我很讨厌这个问题。因为这个问题本身，就是对女性的偏见。"

为什么女性应该面临平衡家庭和事业的问题？

为什么男性不会经常被问到如何平衡家庭和事业？

《男人要自爱》中，当男性和女性的社会地位完全对换之后，女性开始成为行业精英，男性成了她们的附属。男女主角的一段对白，很能反映出这种社会角色对调后的有趣之处：

男：在我的世界里，史前男性狩猎后只留下残羹剩饭给女性，令她们虚弱。这种模式持续了千万年。

女：在我的世界里，女性是强势性别，所以大自然选择让女性生育。她们负责狩猎，男性则负责照看孩子。

仅仅只是性别角色的对调，却出现截然不同的社会地位大反转，

不得不说，这段对话非常具有深意……

为什么性别就应该和要承担的社会角色、家庭义务相关联？这是第三个需要思考的问题。

关于这部电影，有很多值得思考和讨论的点，只是站在女权主义或是男权主义的角度看，是远远不够的，强调任何一方的绝对掌控权，恰恰才是导致男女无法实现真正意义上的平等及调和的问题所在。

或许就像马云在演讲中所说，把事情做到，靠男性；把事情做好，靠女性；把事情做妙，要男女一起。男女之间最终要迈向的状态，应该是合作共赢，各自发挥所长，而不是谁来决定谁，谁来掌控谁。

说到底，婚姻中良性生态关系的形成，靠的也就是大家早日明白这个道理！

全职太太面面观

文 / 时敬国

如果全职太太算个职业，那有危险不是很正常吗？

有一位女性朋友，一直在踌躇，自己要不要当全职太太。本来，她觉得自己有这个条件，但是最近她被一句话给吓到了：

世界上最危险的职业，是全职太太。

昨天，她又转了一个微博的"网友投稿"给我看，大概内容是：和老公学生时代相恋10年，之后步入婚姻，后来有了孩子，为了照顾孩子我做了全职太太。我发现他出轨了，现在孩子一岁半，我该不该离婚？

这确实挺吓人的——一个女性会在婚姻里陷入如此无力的处境。曾经坚信的爱情不见了，隐藏太深的"渣男"现身了。自尊无处寻觅，前路又未可知。

其实，这个案例最后的问题，我几乎听过无数次了。但凡问出这样问题的，其实都是离不了婚又不甘心受委屈的女性。嘴里念叨着自己的付出，对方的负心；自己的信任，对方的背叛……

最后，这些女性以及身边的人，都会把罪魁祸首指向——全职太太。

所谓全职太太，就是放弃工作，专门照顾家庭的女性。这个称呼，把家庭主妇定性成了一种职业。

但我觉得，那既然是职业，就有干得好的，也有干得差的。

所以，不能因为某些人在做这个全职太太的时候，陷入了困境，就说这个职业身份是危险的。毕竟，现在那些辛苦的职场人士，突然接到公司解聘通知的，也越来越多。他们入职的时候，也被激励过，说着共同成长的话，幻想过有福同享的未来，他们也曾经奉献过，也曾经牺牲过。

最终不也是要重新开始，面对生活吗？所以，不能因为有遭遇困境的全职太太，就全面否定了全职太太这个身份。

失败的全职太太其实是入职资质不够

对于那些没做好的全职太太，其实是有规律可循的。最主要的，有以下三类：

第一类：被动入职的

每个人的人生，都需要统筹，需要规划。但总有些人的人生，是仓促的、盲目的。在很多人生决定上，他们没有深思熟虑，总是被动往前。

很多家庭和婚姻不幸福，往往和人生的规划有关。盲目远嫁的、非往大城市里挤的、和双方父母关系处理不好的、生孩子超出自己经济能力的……

规划能力和应对意外的能力不足，有时会让一个女性在进入婚姻后，在生孩子之后，被迫成为全职太太。

这样进入这个职业的方式，就像考大学的时候被调剂一样，一般都不会多开心。不开心，就干不好，也一定会影响家庭关系。

而且，这种被动成为全职太太的，一般也没有能力在做全职太太的同时，处理好自己的成长问题、与社会同步的问题和育儿的问题，隐患重重。

所以，这种情况下的全职太太，几乎都会把自己搞得灰头土脸，提前衰老。而且家庭氛围也好不到哪里去，抱怨多，猜疑多。

这类全职太太的失败，不能怪这个职业，而是你的人生本身就已经很糟糕了，当全职太太是你不得已的选择。

第二类：偷懒入职的

哪个家庭都有家务，哪个家庭都有孩子。所以，大家都有借口，去尝试做全职太太。有的真不愿意干，但有的却是真心想干这一行。并不是因为热爱，而是因为逃避——逃避去社会上打拼，逃避社会上真刀真枪的竞争。

说白了，这类全职太太，就是希望借着照顾家庭，借着带孩子，不去吃社会上的苦。

我曾经见过这样一位妈妈，一怀孕就赶紧在家休息了。之后，孩子上了幼儿园，一整天不在家，本来她可以做一点别的事了，但她却非说孩子不爱去幼儿园，或者孩子身体不好，需要她的照顾，这让她没办法连续上班。

经过她潜意识里不断为这个借口制造机会，孩子果真不爱去幼儿园，果真常生病了。这样的全职太太，为了自己的偷懒，不仅拉孩子下水，也拖累孩子成长的脚步。

在这样的家庭里，丈夫会看到一个每天给自己找事情做的太太。她每天告诉你，家里有多少事情，孩子有多让人操心，所以她其实在家也很累。说实话，丈夫听这些的时候，心更累。

所以，这类全职太太的失败，不能怪这个职业，而是你自身在哪一行也干不好。无论你是害怕吃苦，还是害怕去社会上遭遇挫败，这本质都是逃避。

第三类：追求"被养"的

电影里，有一种爱情，叫"我养你"。文学作品对这类爱情的美化，真的是造孽深重。

这种爱情模型，会废掉一个女人，让一个成年人，最后变成巨婴，同时把那个男人搞成"渣男"。

前段时间，有位男相声演员和女电视剧演员离婚，这被当成了"全职太太很危险"的佐证。据说，刚结婚的时候，男人说"我养你"。

于是，女人放弃了自己的事业，在家做全职太太。现在离婚了，男人说："都是我养你。"承诺变指责，看起来当然是"渣男"的错。

其实，大家都是成年人，都有手有脚，即便真的特别相爱，但有必要用这种方式来表达爱吗？

这难道不是把爱情当饭票吗？你把自己变成无用的人，最后再去怪对方始乱终弃，有什么用处吗？就算对方被贴上"人渣"的标签，你也不会因此获得幸福。

我们做人应该学会了解人性。情绪上来的时候，很多承诺是不理性的。等冷静下来，人性会暴露出自私的一面，会计较是不是公平，是不是值得。

所以，因相信"我养你"而受伤的人，有时也只能怪自己天真。

全职太太是一个既有门槛，也很有挑战的生活方式

很多人嘴上不敢说，但心里觉得，全职太太是一个贪图安逸的角

色，是不愿意干活或者不求上进的代名词。

这些人认为，工作是必需的，因为你得赚钱养活自己。这些人还认为，人生需要有世俗意义上的社会价值，这样人生才有意义。

但其实，你要知道，你的生活经验，会限制你的思维。

真的不是所有人都需要自己赚钱养活自己——不管是人家生下来就已经有了很多财富，还是家庭里有一个人很擅长赚钱，其他人不需要再为钱而努力。

另外，你要知道，不是所有的人，都需要用功成名就来证明自己——不管是人家生来恬淡，看透了人世间的喧嚣；还是人家已经有了独特的追求，和你的人生理想不一样。

反过来，如果你是为了自己的功成名就，为了扩大自己的权力而工作，这也没什么好炫耀的。

总之，这个世界上有些人，不需要赚钱，也不需要用工作证明自己的价值。或者，人家需要的钱不多，名声也不多，够用就好。然后，他们有大把的精力，去做一些你从没想过的事情。

那么，他们负责做什么呢？

他们需要去探索。当人不愁吃喝的时候，不需要被动工作的时候，人还能做点什么？我们人类，不得不做的事情太多了。但这些事情做完了，还能干点什么？这是一个很有意义的探索。

一些高段位的全职太太，就是在做这件事。

可能有人会说，万一这个男人变了心，出了轨呢？那你觉得，高段位的妻子，万一没了丈夫，难道自己会赚不到钱？

现在回到上一个问题，当一个人，不愁吃喝的时候，不需要被动工作的时候，人还能做点什么？

我觉得，那些高段位的全职太太，在职责范围和自己的个人发展这两个方面，都会有所作为。

在自己的职责范围内，她们会把家庭生活经营到一个新的境界。每个家庭成员带着一身疲惫从喧嚣的社会上回来的时候，都能体会到一种更超脱的生活境界。

在自己的个人发展方面，她们会走向内心，去寻找一些与以往不同的心灵体验。

她们仍然会和人打交道，但做的事情或许已经和你的逻辑完全不一样了。这导致你会有些看不懂。

但非常确定的一点是，她们早已经看透了爱情，对爱情有了更理性的看法。

她们的生活重心，不会总是盯着两个人的关系，而是你有你的领地，我有我的领地，我们有一些交集。

但若失去这些交集，我自己的世界里，依然有我热爱的生活。

如何看待夫妻分房睡

文 / 子墨

睡在一起，自古以来都是男女成为夫妻的重要标志。两个人"睡得怎么样"，也被看作"夫妻关系的晴雨表"。

前段时间，对于分房睡，网友分化出两大阵营：一方视分房睡为洪水猛兽、出轨前奏；另一方却认为分房睡是增进情趣、提高婚姻质量的有效手段。

分房睡，已婚男人的看法是什么呢？今天，就让我们来听听他们的心声。

01
分房睡？哪个男人会主动提这样的要求
男，35 岁，结婚 7 年

我和老婆一直是同床睡的，很好奇怎么会有"夫妻分房睡"这样的话题，竟然还要讨论"分房睡会不会影响夫妻感情"，简直可笑！

分房睡，都是女人主动提出的吧？正常的男人，哪个会提这么荒唐的要求啊！

一个男人要是主动提跟老婆分房，肯定就是极度厌恶这个女人，忍耐已经突破极限了。

他要么已经做好离婚的准备，要么就是维持形式婚姻。但凡对女人还有一点感情，男人都不会，也不敢主动提分房睡的。

为啥？女人嘛，本来就爱胡思乱想，结婚时间长了，感情变淡，女人更容易敏感。想象一下，要是我主动提分房睡，接下来面对的会是什么呢？我老婆的反应一定是这样的：

"你是有多烦我，白天上班见不着，晚上还要躲着我。"

"孩子晚上醒来要喝水、要尿尿，就你想躲清净，凭什么？"

"你不是外面有人了吧？"

……

女人为什么会主动提分房睡？绝大多数都是"作"吧！当然也不排除确实厌恶老公的。

女人要想"作"，借口很多啊——老公脚臭、打呼噜、睡姿不规范……无非就是老公的毛病影响了她的睡眠质量。

可是，这些毛病刚结婚的时候不也有吗，那时候为啥不分房呢？一起睡了几年、十几年，倒开始受不了了，不奇怪吗？说到底，还是两个人的感情出了问题。

分房睡会不会影响夫妻感情？这是明摆着的啊——有问题了才分房，这一分还怎么回到一张床上？

别说什么"给彼此冷静的空间"，感情疏离了，裂缝都快变成鸿沟了，还不够有"空间"？

逃避不是解决问题的办法，说严重点，中年夫妻开始分房睡，无异于是给婚姻判死刑。

02
女人遭遇"丧偶式婚姻"，我这叫"光棍式婚姻"
男，28 岁，结婚 3 年

我们这个小县城，结婚都比较早。老婆是经人介绍认识的。我们是奉子成婚，结婚三年，孩子 2 岁多，分房睡也三年了。

结婚一个多月，岳母为了照顾孕吐严重的老婆，就从邻县的老家过来了。

我家是一居室，多一个人，就得有人睡客厅。岳母说她身体不好不能睡沙发，老婆也说她要跟她妈睡一起，方便妈妈照顾自己 。于是，我就搬到客厅睡沙发。

我原以为岳母住些日子就会回去，结果到现在三年了，她也就去年春节回去了 3 天。

这三年来，我一直睡客厅，老婆和她妈妈带着孩子睡卧室。

大家觉得很不可思议吧——世上竟然有这样的岳母，这不是诚心破坏女儿的婚姻吗？老婆竟然也能接受？我也是慢慢才想明白，为什么她们会这样。

老婆成长在单亲家庭，小学时父母离婚，她是跟着妈妈长大的。这么多年，她的父亲几乎跟她们母女俩断了联系，我到现在也没见过岳父。

岳母脾气差、不讲理，在老家邻里关系很差，我也是后来才知道的。所以，她无牵无挂，女儿在哪家就在哪。

就这样，我在这个家里就像空气一样，她们很少主动跟我说话。我也曾努力去跟老婆沟通，创造两个人相处的机会，但她从来都是回避。后来我也心灰意懒了。

我平时会看婚姻情感类的文章，知道女人都爱用"丧偶式婚姻"讨伐男人。作为一个被迫"分房睡"的男人，我自己经历的"光棍式婚姻"，却是有苦说不出。

离婚，也许是最好的出路吧！可是，我现在已经没有一点生活的热情了，连离婚都嫌麻烦，过一天算一天吧！

03
同睡一张床，是对婚姻最起码的尊重
男，48 岁，结婚 23 年

结婚 23 年，女儿马上大学毕业了，我们是正宗的"老夫老妻"。

我平时扑在项目上，开车回家单程三四个小时，但我每周末都会回去。

到了我们这个年纪，我听说有的夫妻会分房睡，但我们没有。两个人生活在一起久了，感情确实会转化为亲情，但有些枕边话，还是习惯了睡在一张床上的时候说。

常言道，"十年修得同船渡，百年修得共枕眠""床头打架床尾和"。我觉得，夫妻睡在一张床上，才是对婚姻最起码的尊重。

要说睡在一张床上影响睡眠质量，这个因素肯定是有的，看两个人怎么面对了。

比如，这么多年，我睡觉都是不能有一点亮光，而我老婆晚上必须看书才能入睡；我的作息是早睡早起，而我老婆是夜猫子……怎么办呢？我戴着眼罩入睡，问题就解决了。

这么多年，我用过的各式眼罩，没有 100 个，也有好几十个了。

我老婆睡觉比较浅，有一点声音就会醒，而我的呼噜声大是出了名的。有一次，隔壁新来的小伙子半夜被我的呼噜吵醒，以为外面打雷了，连忙起来去收衣服。

但奇怪的是，我老婆却从来没有被我的呼噜吵醒过。之前我好奇还专门测过，我在家和不在家，她的睡眠质量都是一样的。很神奇吧？

我觉得这是因为，夫妻两人怀着互相包容的心，在一起时间长了，彼此之间的适应是可以深入细胞的。

后记

我看过许多女性对"分房睡"的讨论，再来听男人们的态度，着实让人意外。

我能触及的已婚男士们，对"夫妻分房睡"几乎是一边倒的反对的态度，本文摘录的 3 名受访者，是受访群体的一个缩影。

从一些女性的角度出发，她们认为婚姻到了一定阶段，比如孩子出生、婚姻激情期过去，"分房睡"是一种很自然的选择，并不会影响夫妻感情，反而会因为给彼此多一些空间而增进感情。

但我们不得不警惕："分房睡不影响夫妻感情"，恐怕更多是女性一厢情愿的自我安慰。

就像有一位读者的留言：

我原来的理想状态就是分房睡，两人，两房间，两厕所，我的空间卡通，他的简约，平时散步后睡觉前各自回房间，周末睡一起，所以后来我们也一直是这样。直到七年后，我发现他出轨已有四年，关键这四年中，我觉得我们的感情特别好，每天上下班亲吻、电话不断、睡觉前散步，这让我一度觉得分房睡挺好的……

夫妻关系不同于亲子关系，好的夫妻关系最终应走向聚合，和而不同；好的亲子关系最终会走向分离，离而不散。

具体到"睡"这件事上，夫妻同睡一张床，彼此适应。按步骤地分床、分房、搬离原生家庭，那是养孩子的步骤，而非对待配偶的方式。

当我们对"分房睡"心生向往，不妨问问自己：我为什么不再愿意跟他睡在一起？为什么无法再容忍他的脚臭、呼噜？如果给婚姻来一次"体检"，我们的婚姻可能会有哪些问题呢？

注：因为疾病的原因，需要遵医嘱独自就寝的，不应在此话题的讨论范围之内。

如何让恩爱"保鲜"

文 / 闵婷

艺术家杨烨曾在上海街头创作了一场大型行为艺术，名叫"孤独沙发"。

镜头里，上百张双人沙发依次排开，整齐有序。穿着睡衣的女子，站在双人沙发上，代表着"盼夫归、等郎回"的女人们。

她们手举标语，向世界发声——

"你要我，还是要你的 boss？"

"我不要名牌包包，我只要你抱抱。"

"今晚不回家，再也别回来。"

"再贵的烛光晚餐，比不上你回家吃饭。"

"我做了一桌你爱吃的菜，只有我一个人吃。"

"你知不知道，我已经怀孕四周了？"

"你知道你多久没吻我了吗？"

"如果不是为了孩子，这个家早就散了。"

……

在这些标语的背后，都是一个个被关系所消耗的女人的发问、哀怨、无奈、祈求、控诉，甚至是责难与威胁。

我好奇的是，即便这些丈夫不缺席，天天陪在自己妻子的身边，那么，这些女人们就不再孤独了吗？或者，关系中的彼此消耗，真的就会戛然而止吗？

泰国电影《永恒》给了我们一个精彩的答案。

它讲述了一个这样的故事：

女主玉帕蒂貌美如花，深受西方教育的熏陶，有着一颗朝气蓬勃并向往自由的心。

在一次王室成员举办的晚宴上，她与帕博结识。帕博是一位富商，年龄比玉帕蒂大很多，在其热烈的追求下，玉帕蒂嫁入寨城。

男主尚孟是帕博唯一的侄子，曾在缅甸留学多年，相貌英俊，沉静温和，一副翩翩公子的形象。

在一片美丽的森林里，玉帕蒂与尚孟相爱了。

他们陷入情欲中，走上了一条突破伦理道德的不归路。

帕博得知真相后，显得异常平静，并向众人宣布将玉帕蒂交与尚孟，而交与的方式，是给两人戴上一条特制的锁链，将两人永远锁在一起。

一开始，玉帕蒂与尚孟欣然接受这一惩罚，并开始过上梦寐以求的形影不离、逍遥自在的日子。

随着时间的推移，关系的本质渐渐浮出水面。

生活上的诸多不便、性格上的差异等因素，导致二人争执不断，矛盾重重，甚至还会拳脚相加。

枷锁难开，逃离又被劫回，他们走投无路。

故事的结局是：玉帕蒂开枪自杀，尚孟精神失常。

帕博，多么精明的规则制定者！

为什么女性在关系中会被消耗？

对比这两个故事，我发现：

男人不回家，并不是女性在关系之中被消耗的根本原因。

并且，无比相爱的两个人，毫无距离、没有边界地每天腻在一起，更不是女性获得滋养的法宝。

既然如此，那么，女性在关系之中被消耗的根本原因是什么呢？

1. 时间

心理专家曾说过，"时间是最好的解药"是人类最大的谎言之一。

相反，从某种角度来说，"时间是女性（关系）最大的敌人"。

《2017年全球性别差距报告》显示：

中国女性花在照顾家庭等无报酬工作上的时间占总劳动时间的44.6%，而男性的这一数字仅为18.9%。

《2017年可持续发展目标报告》则显示：

2010年至2016年，女性平均化费在家务和护理工作上的时间是男性的3倍。

这些数据，说明什么问题呢？

时间，在让女性变得越来越焦虑——皱纹的增添、面容的暗淡、活力的消失、对关系稳定性的怀疑、自我的渐行渐远……

2. 认知

无论是工作中，还是生活中，我不止一次听到过失恋女孩的哭诉：

"为什么我们就不能好好过一生？"

"为什么要抛弃我？"

"没有你，我不能活。"

"你要是不要我了，就是把我毁了。"

......

在她们的认知里，掌控自己人生幸福的钥匙永远在对方手上，或者取决于一段情感关系形式的长久与否。

关系中，一个离开对方就活不了的女人，终将成为别人的累赘。如果把掌控人生幸福的钥匙交付别人，只会期望越大，失望越大。

"一切为了关系，关系就是一切。"拥有如此认知的女性，注定被关系所消耗。

如何让自己得到滋养？

关键是，女性如何让自己得到滋养呢？

1. 停止内耗

人最大的敌人不是别人，而是自己。

对自己不满意的人，迫切想改变自己的人，想让自己脱胎换骨的人，都是把别人或者环境对自己的不满植入了内心。

于是，外界的要求变成自己对自己的要求，外界的攻击变成自己对自己的攻击。

在《我们终将遇见爱与孤独》中，张德芬说：

"我很感谢那些挫败的过往，如果不是在亲密关系上遭受挫败，我现在不知道自己会高傲到什么地步，不知道自己会自以为是地飞翔到哪里去了。是那些伤心和失落，让我遇见那个未知的自己，活出自己想要展现的深度。"

那个未知的自己，是什么模样？起码，具备这三个要素：

清楚自己是谁；

不再与自己为敌；

不再自我消耗。

2. 爱自己

在卓别林 70 岁时写的诗中，他告诉人们如何真正爱自己：

真实——所有的痛苦和情感的折磨都只是在提醒自己，活着，不要违背自己的本心；

尊重——把自己的愿望强加于人，是多么的无礼；

成熟——不再渴求不同的人生，知道任何发生在自己身边的事情都是对自己成长的邀请；

自信——渐渐明白，自己一直都在正确的时间、正确的地方，发生的一切都恰如其分，由此得以平静；

单纯——不再牺牲自己的自由时间，不再去勾画什么宏伟的明天，今天只做有趣和快乐的事，做自己热爱、让心欢喜的事，用自己的方式和韵律；

自爱——远离一切不健康、让自己远离本真的东西；

谦逊——不再总想着要永远正确，不犯错误；

完美——不再继续沉溺于过去，也不再为明天而忧虑，活在一切正在发生的当下，活在此时此地。

当一个人真正开始爱自己并有效爱到自己时，周围的一切都会随之悄然变化。有能力滋养自己的人，必定能够驾驭并收获有营养的关系。

3. 享受，而非刻意经营关系

周韵在谈及自己与姜文的婚姻时说：

"谁跟谁都谈不上谁强大谁不强大，只有合适不合适。现在的婚姻自由选择，又不是包办的。他有权利选择我，我有权利选择他，他有权利选择别人，我也是，这是一个很公平的事情。"

很多人认为，作为女性，更要竭尽全力追求关系里的独立、平等和自主，但须知，有时候越努力的一方越会陷入自我消耗的窘境。

如同，电影《永恒》中的男女主角，越追求永恒越坠入地狱。

世上不缺"聪明人"，也不乏所谓的"道理"，然而，情感本身并没有什么道理可讲。

真正获得滋养的双方，他们都是心甘情愿并乐在其中，自然而然地做到，享受关系本身，而非刻意经营。

以上，如果你想要收获一段被滋养的关系，别忘了，先懂得滋养自己。

如何应对婚姻中的"三观不合"？

文 / 罗文娟

在这个"婚姻保卫战"遍地开花的年代，第三者被广泛地认为是幸福婚姻的最大危害，防火防盗防第三者。

可是，2017 年最高人民法院出炉的一份关于离婚纠纷的司法大数据专题报告却显示：

感情不和才是导致离婚的第一名，很多第三者，不过是婚姻中夫妻双方情感荒芜的替补。

"三观不合"能不合到什么程度

说到三观不合，婚姻中人们常说的是：

"我们三观不合，想要沟通都难！"

"结婚以后，才发现门当户对很重要，要不然三观不合，死都拉不到一起！"

"他三观不正，我没办法和他沟通！"

我身边就有这样两对夫妻，遇上了沟通问题。

这几个月，老王逢人就问：狗是吃狗粮好呢，还是跟人吃好？

而他家的电脑里，全是老伴阿娟的搜索记录：

狗为什么要吃狗粮？

论吃狗粮的重要性。

狗粮对爱犬健康的重要性。

夫妻俩曾因工作分居多年，后来阿娟退休，牛郎织女才得以结束鹊桥相会的生活。没想到，住在一起之后，两人就因为狗起了争执。

老王认为狗跟人吃就行，小时候他家养的中华田园犬从没吃什么狗粮，照样健健康康。

可阿娟认为，要科学养狗。既然有狗粮，存在即合理。我们养了这只狗，就要对它负责！

每次说到这儿，就说不下去了，双方都觉得很郁闷——好不容易生活在一起了，却在这些小事上出问题，真是三观不合，话不投机半句多。

而在豆子家，豆子妈和豆子爸的战火也升级了！

早在豆子上幼儿园时，双方就因为上私立还是公立幼儿园意见不一致。

现在，豆子马上要上小学了，豆子妈态度很坚决：

"要上人少的学校，你看，上次听你的，选了公立幼儿园，人超多，豆子都得不到老师的关注。"

豆子爸很无奈：

"又拿这个说事，本质是豆子性格太内向，这和幼儿园有什么关系！"

豆子妈气得直咬牙：

"人是环境造就的，豆子这么小说什么性格内向，而且就因为豆子现在内向，我们才要给她一个好的环境！你学一点心理学啊，要不然我怎么跟你说话！"

"三观不合"的真相

"婚姻都讲究门当户对，要不然就会三观不合！"

相亲前，张娇的奶奶仔细地叮嘱她。

张奶奶当年作为有钱人家的大小姐嫁给贫下中农的爷爷，她认为自己吃尽了"三观不合的亏"。

但是，事实上是这样吗？

从恋爱到婚姻，情侣间的互相吸引大致分为相似性吸引和相异性吸引。

说白了就是：

我们有共同的兴趣爱好而互相吸引。

对方身上有自己没有的闪光点而互相吸引。

同时，就像达·芬奇说的："世界上没有哪两片叶子是相同的。"也就是说，即使两个人有共同的兴趣爱好，因为相似而结合，也不会完全相同。

三观不同，是非常正常且普遍的现象。

在具体的婚姻个案里，我所看到的不同，基本也没有人是人非上的差别。

吵着"三观不合"的婚姻，大多吵的都是鸡毛蒜皮的小事。一件件小事里，情感越争越淡薄。最后，两人都认为已经到了"三观不合"的程度。

EFT 情绪取向伴侣关系治疗认为：差异的存在是必然的，但危及情感连接的，并不是差异本身，而是处理差异时，双方因为个人受到的伤痛产生防御导致关系产生恶性循环。

这样说可能比较掉书袋，拿上文中豆子一家的例子来分析。

当豆子第一次上学时，豆子爸坚决要让豆子上公立幼儿园，豆子妈在豆子爸的坚决当中，感觉到豆子爸是"拒绝"自己的。

豆子妈有一个创伤：她有一个控制欲非常强的妈妈，基本上，妈妈在家里是说一不二的。

豆子爸一向是比较温和的，但在公立幼儿园的事上，却显示出了说一不二的脾气。豆子妈真正在意的是这一点——这就是传说中的个人内在的伤痕，也就是"可恶的原生家庭的影响"。

豆子妈其实是伤心了，而且，伤心时，她就变得很生气。于是她采取了报复行动。

而一向温和的豆子爸，做出这种决定则完全是因为他的侄子——在私立幼儿园整天吃面，甚至有个孩子掉到了面桶里。

豆子爸的坚决，其实是在说：

豆子妈，在这件事上，我很担心，我们就一个女儿，如果发生不测，那太恐怖了。

但明显，豆子爸和大多数男人一样，绝对不会说自己害怕，于是，豆子爸就表现出紧张。

紧张的时候，他就采用了控制的方法：直接带着户口本和豆子，在豆子妈上班时去报了名。

基本上，所有的个案里，夫妻双方都会发现一个血淋淋的事实——原来都是为了婚姻好，结果双方的误会越积越大。

也就是说，"三观不合"并不是关键，关键是"三观不合"发生时，彼此都被对方的表层情绪给耍了！

所谓表层情绪，是指一个人表现出来的情绪。

大多数"三观不合"的夫妻，都在错位的表层情绪里挣扎。

如果表层情绪在你伤心失落，需要安慰和关心时，错位成了生气，对方就收不到你是伤心、难过，需要安慰的，会认为生气的你是不需要他，甚至是讨厌他的。

你害怕，却表现出控制，那么对方就收不到你的害怕，反而认为你很强大、很吓人，他就不敢靠近你，而是会远离你或者与你抗争。

过马路法，打破"三观不合"

如果，你和另一半"三观不合"了，你们可以尝试这个"过马路法"：一停、二看、三通过。

一停

当你们吵到"我们没办法谈拢""你三观不正""我们三观不合没办法"时，暂停一下，因为此时，你们双方都被对方的观点卡住了。

二看

从争论中，看到自己坚持的观点对自己的意义，开启情感连接。

这一点非常重要，因为往往双方坚持的观点里，都包含了自身过往的创伤。

比如上面的豆子爸：

他坚持要孩子上公立幼儿园，其实是因为他听说许多私立幼儿园的恐怖情况，他希望孩子得到更有保障的环境。

同时，他说话时的语气太着急了，让豆子妈感到不舒服。如果他能意识到这点，调整语气，夫妻两人就能好好沟通了。

三通过

经常总结自己的情绪模式，比如：有些人特别容易在害怕时生气，接着在言语上讽刺别人。

每次陷入情绪时，带着觉察，看清自己的真实需求是什么，这样长期摸索下去，就能选择更能够满足自己的方式。

通过表层情绪，摸清自己的深层情绪和内在需求。

"三观不合"从来不是婚姻问题的本质原因，而是婚姻质量需要提升的信号。

就像游泳，决定你能否游得畅快的并不是这个泳池的水——而是你的泳技！

完美婚姻，都死于欲望

文 / 苏晓　潘幸知

保持欲望最好的方法是克制欲望

失意富有的作家奥斯卡在巴黎 96 路公交车上，邂逅了长相甜美、身材丰满的年轻女孩咪咪。从奥斯卡开始注意到她的白色球鞋起，爱情的电光火石和欲望的暗潮汹涌便已经无法抑制。

他和她产生交集源于他对她英雄救美的行为。女孩因为穷困而逃票，中年男人注意到了她的窘迫，偷偷把自己的票塞给女孩。

最后作家因为无票被赶下车。望着年轻女孩美丽的长发和深邃的眼睛他站在原地出神、久久不愿离开。

那一次邂逅，她便成为他眼中的天堂、心中的永恒。

那次分离后，作家再也无法写作、无法入睡，更无法把一面之缘的女孩从自己的心里赶出去。

放浪形骸的男作家，在邂逅逃票女孩之前，曾阅女无数，但是他知道，这一次遇到的女孩不同于以往，他知道自己爱上她了。于是，他在巴黎街头开始了漫长的寻找之旅。

最后，在一家餐厅用餐时，他发现为自己服务的女招待正是自己梦寐以求的逃票女孩。作家运用自己娴熟的追求经验很快追到了女孩。

此后，他们疯狂享受这场狂热和激情。

他宠溺地看着她，她用崇拜依恋的眼神回视；他们玩着孩童玩的游戏，自然地喝着同一瓶水；他帮她揉脚，她帮他刮胡子。连续三天没有出门，他们仅靠爱情和发馊的羊角面包度日。女孩甚至为爱情辞去了工作，因为她无法忍受与他的片刻分离……

他们的结合仅仅因为欲望吗？

不只如此，应该也包含深深的爱！不然，多年以后，他的回忆怎么会那么清晰而细腻；不然，当他看到她与其他男人调情时，心头怎么会涌起一股苦涩和伤感？

可是，这场激情燃烧得太过猛烈。

曾经最让人疯狂的激情也因为消耗得过多、过快而失去了诱惑和新鲜感，让人觉得乏味甚至厌倦。

男人很快地开始抽离出感情、转身投向写作，同时也想拓展自己的视线和生活。而女孩却越陷越深、无法抽身。

男人的贪婪在于他想要拥有更多的女人。而更多的女人意味着他无法保持忠诚，也无法实现永恒。

而女人的贪婪在于她想要拥有这个男人的全部，无论是好的还是坏的、美好的还是丑陋的。这种贪婪达到极致，会演变为一种疯狂的占有、虐待与被虐待。

终于，两个人都为这场过于极致的刺激付出了代价，甚至最终被这场过于强烈的爱所毁灭。从这个角度看，保持欲望最好的方法，是克制欲望。

当为爱情丢掉尊严，爱还剩下什么？

对于男作家而言，当激情的抛物线到达顶峰时，便是爱情散场的时候。因为从那以后，爱情便开始走下坡路。

他不愿承担爱情的责任和后果。他不想两个人变得像同一只碗里的两条鱼。或者说，他想继续过声色犬马的享乐生活，而不想一辈子被同一个女人束缚。

可是他不懂，女人的爱情信念和他是那样的不同，他也远远没有预料到，一个女人对爱情的执着能让她疯狂。

当作家提出和咪咪分手，甚至要赶她走的时候，咪咪每次还没走出家门，就折了回来，祈求他不要赶她走。甚至在已经离开的情况下，她也会放下一切尊严，祈求他收留她。

为了能留在他的身边，她甚至可以接受他打她、骂她，甚至去找别的女人。为了能和他在一起，她可以做任何事情。

他们之间疯狂而炽烈的爱情，逐渐演变为一场地位不平等的虐恋。

她忍受着他对她情感上的忽略、精神上的嘲讽，忍受着他根本没有为他们的未来做任何打算，更毫不爱惜她的身体和健康。

当她在对方施舍给自己的"爱情"中苟延残喘时，其实她早已不是她，不再是当初那个深深吸引他、令他怦然心动的女子，不再是那个身材曼妙、充满生机和活力的舞者。

她说："离开你，我活不下去。"

此时，她已经在爱情里迷失了方向，找不到自我，也分不清"你我"。任凭作家怎样羞辱她、贬低她、无视她，咪咪还是留了下来，她想用忠诚来诠释自己对他的爱。

可是她却没有意识到，她此时的忠诚对于这个男人而言，只是一种令人厌烦的捆绑和束缚。

后来，她发现自己怀孕了。作家告诉她，他无法想象一个孩子诞生在这所房子里以后的生活。

最终，孩子没能来到这个世界上。而作家接下来做了一件更加匪夷所思且令人不齿的事情。

他谎称，要和咪咪一起去另外一个遥远的城市生活。然而，当登上飞机后，他自己偷偷溜走了，留下咪咪一个人飞去了一个遥远而陌生的地方。

此时，男作家和咪咪同时望着天上的那轮弯弯的月亮，心境一个天上一个地下。

对于急于从这段关系中脱身的男作家而言，这意味着重获自由；可是对于咪咪来说，这个场面是那样凄凉而伤感。

当夜晚的飞机起飞，咪咪望向窗外的一刻，她知道自己苦苦守候的爱情已经死亡。

完美的爱情就可以抵制诱惑吗？

影片中，英国夫妇奈杰尔与菲奥娜，是与作家奥斯卡和咪咪截然不同的一对伴侣。

这两对伴侣在开往印度的一艘游轮上相遇了。

那时，男作家已经是一个半身瘫痪、坐在轮椅上、毫无风度可言的半个老头儿；而咪咪也已经重操旧业，成为一名神秘而魅惑、极具性感气息的舞者。

原来，男作家抛弃咪咪后，在一次酒后出了车祸，曾经的那些女友，没有一个来看望他。此时，咪咪却从遥远的地方回来看望他，并

"顺便"把他骨折的腿彻底摔断。余生，他只能坐在轮椅上。

从此，咪咪留下来照顾男作家，而男作家也再没有寻欢作乐的机会了。后来，两个人自愿在教堂领证、结了婚。

如果说游轮上的奥斯卡和咪咪是"坏坏组合"，那么奈杰尔和菲奥娜就是"好好组合"。

奈杰尔是英国绅士，英俊帅气，良善正统；菲奥娜是英国淑女，美丽优雅，保守矜持。

他们的婚姻进入第七年，两人依旧保持和谐恩爱。他们为了找寻一些浪漫和激情，一起登上了前往印度的游轮。

奈杰尔和菲奥娜相爱吗？毫无疑问。

从他们在甲板上自然地拥抱依偎，风起时他为她贴心地披外套，以及彼此熟悉而默契的眼神中都能看得出来。他们的爱情，可以算是凡尘俗世间完美的代表了。

可是，再完美的爱情，也会有进入平淡期的一天。或者说，他们的爱情，从一开始就不同于男作家和咪咪的那种极具刺激和狂热的爱情。

或许，也正是这种完美爱情中存在的缺失，才会让奈杰尔在游轮上偶遇魅惑舞女咪咪时，产生了巨大的好奇心和窥视欲，那颗不甘于平淡的心开始蠢蠢欲动。

而妻子菲奥娜觉察到丈夫那颗萌动不安的心后，起初，她对丈夫感到非常愤怒和失望。

然而，影片快结尾时，当她看到自己的丈夫在舞池中与咪咪贴身热舞、欲行不轨时，当她面对丈夫不安的眼神、慌乱的解释时，她冷冷地看着，沉思片刻，随后走向舞池，开始了自己激情的舞蹈。

此时的菲奥娜，已经换下正统严肃的淑女装，穿上华丽的礼服，打扮得光彩照人，舞姿妖娆，令人倾倒。

丈夫面对这一幕，目瞪口呆。而轮椅上的作家看着这一幕，调侃地对英国绅士说，或许，你的妻子才是你最好的选择。

借由作家奥斯卡和咪咪这对组合，菲奥娜看到了丈夫正人君子的表象下那颗萌动不安的心，而奈杰尔同样看到妻子正统保守背后的狂热、奔放的一面。

完美的爱情就可以抵制诱惑吗？答案似乎是否定的。

每对伴侣的婚姻都是两种组合的结合体

作家奥斯卡和咪咪代表的组合，是狂热、激情、混乱、动荡、放纵、背叛、邪恶、仇恨、焦虑。

而奈杰尔与菲奥娜代表的组合，是平淡、和谐、宁静、秩序、稳定、忠诚、纯洁、信任、爱与幸福。

这两条线看似平行，实则交错。平静下面隐藏着渴望放纵的躁动。

就像英国绅士奈杰尔和淑女菲奥娜，其实他们都渴望着，在平淡的生活里找寻到一抹意外的刺激，想以此来证明自己没有陷入庸常的生活。

同时，动荡的世界里似乎也有一颗渴望救赎的心。就像奥斯卡看到躺在病床上极度虚弱憔悴的咪咪时，他的内心独白是："看着她像墓穴里的石雕般的模样，有那么一刻，我几乎投降了。"

最终他为什么没有投降，而选择在寻欢作乐的路上一条道走到底呢？

归根结底，除他"渣男"的本性之外，这和他的恐惧感和不配得感也有很大的关系。

他明明清楚地知道，除了咪咪，他已经不会在第二个人身上找到同样的热情，可是他还是选择抛弃了咪咪，因为他不敢相信爱情和永恒，他恐惧生活的琐碎会将那最绚烂的爱情消耗殆尽。

他不敢面对一份平淡但是永恒的情感，因为他的爱情都是建立在欲念基础之上的；同时他也觉得自己不配拥有孩子。

其实，在平淡的生活中发现乐趣、体会幸福是一种巨大的能力。

有的人之所以要靠着强烈的外界刺激和极致的感官体验来捕获爱情、享受乐趣，这在一定程度上说明其自身对爱的感受性的迟钝。

激情不可能成就永恒，而极致的感官享乐，也并非天堂。

极力想追求什么，必然不断失去什么。因为人性往往太贪婪，人的欲望往往不会满足于已经拥有的，我们拥有得越多，也越容易丧失敬畏之心。于是，再多的拥有，也变成了平淡无奇和乏味无聊。

平淡是随时可得的东西；而强烈是稀有之物。我们总是认为物以稀为贵；但有时却忘记了，最宝贵的东西往往正是平常之物。

影片中，作家奥斯卡抛弃了咪咪，其实也代表着他抛弃了所有的女人，抛弃了对爱情的信念，同时也抛弃了他自己。

挖掘彼此更多的可能性，以建立更深层的亲密关系

影片中传统妻子菲奥娜前后形象的巨大反差，以及作家奥斯卡对奈杰尔说的那句"或许你还没有充分发掘你妻子的潜力"，这些设计似乎表达了女性在婚后的某种"放弃和牺牲"。

她把自己的女性魅力只呈现给丈夫一人，对外则变得含蓄矜持、深藏不露。假如她的丈夫不懂得欣赏自己，那么妻子的这种隐藏其实是一种浪费。

现实中，大多数妻子出于对男性尊严的服从，或者对婚姻的忠诚，

她们即使内心感到失落，但通常会放弃一些自己的乐趣，而选择忍受这种浪费。除非，她们的丈夫越过了她们所能忍受的边界。

其实在现实生活中，无论男人还是女人，往往都是多面的、立体的。可是在相处的过程中，我们往往会忽视伴侣身上的某些部分。

比如，温柔保守的妻子有渴望热情和变化的另一面；内向老实的丈夫有渴望自由和突破常规的另一面。

再如，在传统的男主外、女主内的家庭模式中，丈夫会自动地把妻子当成是家庭的女管家、孩子的母亲，认为她应该是贤良的、慈爱的、顾全大局的，却容易忽略她其实也是一个女人，她是她自己，她也渴望被欣赏，被当作一个有魅力的女人来对待。

而负责赚钱养家的男人往往被认为是有担当的、有能力的、坚强的，但是有时也会被忽略，其身上也有脆弱的、任性的、渴望做回孩子的那一面。

所以，充分挖掘一个人的自我，以及看到一个人性格的多面性、角色的复杂性，不用程序化的眼光去看待和评判我们的伴侣，挖掘彼此身上更多的可能性，这有助于我们更真实地贴近自己的伴侣，建立更深层的亲密关系。

这部法国电影《苦月亮》道出了爱情和婚姻中最残酷的真相，同时这部电影也不乏温情和希望。

愿所有正在爱着或者已经进入平淡期的伴侣，活在当下，感受当下。

危机，有时候可以拯救婚姻

文 / 蘑菇姑姑

没有"危机"的婚姻就好吗？

前段时间，我的朋友收到了出差老公的视频电话，突然惊喜地对我们说：他还是第一次给我打视频电话！

一个视频电话都可以让她"惊喜"，不了解他们的人会说至于吗。

但很多妻子或许能理解。大部分人的婚姻"没有消息就是好消息"——偶尔有好消息，那真的称得上是惊喜了。

之前不是有个段子来形容这种情况吗？说哪天丈夫发了工资心血来潮给妻子买了个礼物，妻子首先感受到的不是惊喜，而是心里先敲起小鼓："这男人是不是出了什么问题？"

人们开始对婚姻里的浪漫感觉不适，这象征着双方婚姻模式固化，让关系行走在日常的轨道上，是一件毫不费力的事，同时也不再期待任何改变。

爱情必须时时更新，生长，创造。

而婚姻强调的却是安稳。好像只要运转合理，就可以无限量贩卖安全感。

但别以为出轨、分居才是婚姻危机，或许风平浪静里的那些"习惯"更侵蚀感情、看起来没有任何"危机"的婚姻，并不像你以为的那么好。

真正的婚姻危机在哪里？

真正的婚姻危机，不是吵架，不是出轨，是"自我"和"婚姻"之间产生矛盾。

上周，好朋友 C 跟我说，她终于通过努力为自己争取到了休养假期，可以离开家，去她向往已久的海南，静静地待上两周。

C 已经做了两年全职妈妈，家里加上她有 5 口人，两室一厅的房子，永远挤得满满的。

她常常觉得透不过气来，不止一次地跟丈夫说过她想自己出去待一段时间。但是丈夫表示非常不理解，他不明白为什么她要抛下家里人自己出去。她在自我和妻子、儿媳、母亲这些角色面前左右为难了很久。

遗憾的是，这次一个人的出行，丈夫依然不支持——只是被说烦了，表示不反对而已。

在这个过程中，C 发现，自己的婚姻问题不是因为丈夫情商低，真正的危机是自己的自我实现和婚姻角色存在严重分歧。

婚姻中看似是两个人之间的危机，但往往是一个人自我危机的延伸。

美剧《麦瑟尔夫人》中的女主角麦琪也遭遇到了这样的危机。

麦琪年轻貌美，有两个孩子，有一栋高级公寓，过着典型的中产生活。

她曾经以为自己的一生就可以这样过下去了，围绕着丈夫孩子。然而，突然有一天，丈夫告诉她自己爱上了女秘书，要离家出走。

丈夫的出轨其实是源于他自身对人生的恐惧。人到中年，他发现自己并不如想象中的强大，事业受挫，未来迷茫，妻子作为一个完美的主妇，总是用自己的完美让他感觉到巨大的压力。

在她身边，他不得不努力，好像这样才能配得上她的完美。可他如果不是那个能成功的人呢？他都不确定自己的未来，如何成为另一个人的希望？

在这段婚姻中，丈夫被赋予了家庭权力者的角色，他非常想逃避这样的角色。他不知道自己的未来在哪里，也不知道不成功的自己是不是值得被爱，所以他选择了出轨和出走来逃避一切。

而麦琪其实也并不了解自己，她本来很有能力，可以发展事业，却把自己困在了日复一日的家务劳作中。作为一个人，她的能量其实一直在婚姻里用得过多，这让她感到被束缚；而作为一个妻子，她必须以丈夫为重。

所以她那耗费不完的精力和能量都用在了丈夫身上，她为他安排各种事情，这给丈夫带来了很大的压力。

可见，对夫妻双方来说，如果自己作为人的部分和作为家庭角色的部分不能很好地协调，我们的天性就会想冲破樊篱，对婚姻造成破坏性的影响。

真正的危机正是这种自我危机和家庭角色之间无法协调共处的情况。

婚姻太像一个"温水煮青蛙"的场所了。我们走进婚姻的时候，可能还不是很了解自己，随着时间的推移，我们的"自己"在成长，也在变化，当我们作为自己的部分和婚姻角色之间产生矛盾时，婚姻便很容易出现问题。

而恰恰是太习惯婚姻惯常模式的夫妻，对对方只有"走在日常轨道"上的要求，他们对这一点的警惕是不足的，因为他们太习惯彼此互动的方式了，渐渐地，自我危机就会变成婚姻的危机。

婚姻从量变到质变，是一场保卫战

其实婚姻那么长，两个人发展不同步是正常的。但是，小小的"危机"若一直不被看到，就会酿成大大的危机。像前面的案例一样，压死骆驼的最后一根稻草是出轨，但却来自长期婚姻中，被漠视的彼此不同步的状态。

电视剧《我的前半生》里唐晶说："两个人在一起，进步快的那个人，总会甩掉那个原地踏步的人，因为人的本能，都是希望能够更多地探索生命、生活的外延和内涵。"

陈俊生为什么会选择知冷知暖的同事凌玲而放弃相伴多年的妻子罗子君？

罗子君离婚后才明白——当她坐在酒吧里，看着那些夜色中依然活色生香的女人，她感到她们才是鲜活的、有力量的。而自己的生命，在日复一日的电视剧和物质消费中渐渐萎缩。她和陈俊生的婚姻早就在这些萎缩中完结了，出轨只是一个结果而已。

婚姻和所有关系一样，都是动态发展的，有它自己的规律，有高潮也有低落。

把结婚当成关系的终点，是非常危险的做法。它会让你松懈，让你偷懒，让你不再重视和珍惜对方以及彼此的关系。最终，关系就像一潭死水，像枯萎的花朵，不再滋养彼此。

离婚后的罗子君得到了真正的成长。她告别了家庭主妇的生涯，在职场中打拼。

此时的她，好像把丈夫的生活重新过了一遍，她体验着丈夫的职场压力，甚至更能理解丈夫过去的孤独，以及当时他的需求。她看到了过去的自己，无法在婚姻中和丈夫有效互动的一面，她想，如果我是陈俊生，我也不会喜欢当时的自己。

小说中写道，在离婚一两年后，陈俊生和罗子君再见面，陈俊生发现罗子君会笑了，不像过去当家庭主妇的时候，总是没有生机，此刻，她的脸上有了鲜活的神色。只是罗子君笑着笑着流出了眼泪。

人有时候是用分离来学会靠近的，为什么她要经历这一切才能理解婚姻和陈俊生？

而危机中，麦琪也有了新的成长。一次偶然的机会，麦琪喝醉之后跑到舞台上去发酒疯，竟然发现自己有惊人的脱口秀天赋，她远比丈夫更有舞台表现力。

她发现她弄错了，她一直作为支持者，支持丈夫的梦想，但是该站上舞台上的应该是她自己。而这一点，若不在心理上先把过去婚姻中习惯的角色分配的模式打破，她就永远发现不了！

后来的故事是，当麦琪在舞台上面光彩熠熠的时候，她发现自己仍然深爱丈夫，解除了婚姻里的角色之后，丈夫和她之间两个人的情感连接更深了……

正如电视剧《我们都要好好的》中的台词："我们曾经一起出发，在奔赴理想的路上丢掉了彼此。"

多少婚姻最后解散，是因为他们在精神上早就没有能力彼此陪伴了。

《亲密关系》这本书中说，我们理想的婚姻其实是一种相伴之爱

(companionate love)。它将亲密和忠诚结合在一起，维持深刻、长期的友谊至关重要。

既然是长期友谊，这里面就要有一种肝胆相照、互为后方的支撑关系，没有这样真正的相伴，我们的婚姻实质上已经处在危机之中了。

我们可以更好的

知乎上有个问题：在哪个瞬间你对婚姻彻底死心？

网友叶子说，我在厨房做饭，忙了一身汗。炒完四个菜端上桌，接着去做汤，汤端上来时，老公已经把四个菜吃完了！一桌子残羹剩饭……

其实，很多爱情不是败给了真正的危机，而是败给了这样令人心寒的细节。

在这些细节里，你可以看到婚姻的大敌正是这种"无知无觉"的懈怠。以为没有危机，所以我们随心所欲地对待对方，不再考虑对方的需求，对方持续被忽略、被怠慢，于是两个人渐行渐远，失去了信任和连接。

正因为如此，很多人真正面临婚姻的危机时，还不知道是为什么。

人有一个基本的特性，对已经得到的东西投注的注意力会越来越少，但婚姻如果只有存量，没有增量，离破裂也就不远了。

婚姻的增量是什么？保持对对方的关注，保持活在危机中的警醒。

只是，要想看到对方真实的样子，需要爱的能力和用心，你可有这样的危机意识？

3

第三章

爱是门学问：自察与成长

忍耐，是应对背叛最坏的方式

文 / 茗荷

生活中，我们总能听到这类故事：

"我们认识没几天就发生了关系，之后我告诉他，如果你是认真的，我一定好好爱你，奔着结婚去。

"可他却对我越来越冷淡，最后我只好把他删了。

"我错了吗？谈恋爱就要奔着结婚去，我接受的一直是这种教育啊！"

"我老公酗酒，偶尔有家暴，还几乎不拿钱回家，都是我一个人撑着这个家。有时候我很想离婚，可是离了婚女人就跌价了，我怕自己没人要了，也怕被人笑话。"

"我俩上大学那会儿就在一起了，有孩子之后，他希望他赚钱养家，我照顾孩子，做个贤妻良母就行了。

"没想到我那么努力地照顾家庭，他还是背叛了我，甚至嫌我没有收入全靠他养。

"我为他生儿育女，付出了最宝贵的青春，却换来这种回报，想想真是后悔……"

每次看到这些经历，再了解到身边姐妹的一些观念，我除了深深的心疼，更觉察到不同婚恋观对女人深远的影响。

小时候童话故事的结尾，"王子和公主从此过上了幸福的生活"，这从来就不是人生故事的真正结局，而是艰难生活的开始。

长久以来，无论是文化教育，还是影视文章，给女人们灌输了太多自相矛盾的观念，鱼龙混杂、混淆视听的"毒鸡汤"随处可见。

我想，我们很有必要梳理一下，那些我们经常听到，却对女性情感自立毫无帮助的有毒观念，让陷在其中的姑娘们清醒过来。

一、爱我当然会懂我啊

毒性：★★★

潜台词：他如果不懂我，不理解我，不按我心里的期待去做，就是不爱我。

解析：每个人都是独立的个体，哪怕是再相爱的两个人，都很可能想法不一致，这是正常的。

谈恋爱的时候，彼此会为对方化的心思多一些。一旦时间长了，对方不能按照你的需求满足你，是大概率会出现的事情，但这未必说明他不爱你。

解毒汤：坦诚地表达感受和需求，而不是以抱怨和指责的方式。

二、我为他生儿育女，付出了最宝贵的青春

毒性指数：★★★★

潜台词：我的孩子是为我男人生的。

女人的青春是短暂的，上了年纪的女性是没有价值的。

解析：这一观念下，不少女性在分手的时候会自怨自艾，拿不起

放不下，陷入深深的无力感中。

事实上，大多数女性比男性更喜爱和依赖孩子。对大多数人来说，很可能是女人想要孩子，哄着男人去生，并一起养育（勇敢承认吧）。

至于青春，也是相互消耗的，你看看他，他是不是也从当年你眼中那个怎么看怎么顺眼的帅小伙变成了微微发福、肌肉松弛的中年大叔了？

跟不跟他在一起，青春一样留不住。何况，每个年龄段有每个阶段的美，拥有一颗"少女心"，年龄危机才会没有那么重。

解毒汤：我愿意生娃就生，愿意跟谁度过青春就一起过，若是中途散场，一别两宽，各自安好。

三、你负责貌美如花，我负责赚钱养家

毒性指数：★★★★★

潜台词：一个女人那么拼干吗？女人负责把家庭、孩子等杂事打理好，让男人可以专心在事业上实现自我就够了。

女人只要做个好妻子、好妈妈就行了，哦，对，还得注意个人形象，让男人有面子！

解析：这一思想下，不少女性开始关上门当起了全职太太，不工作、不去接触社会，甚至不交朋友。当面临丈夫背叛、家道中落等危机的时候，她们往往追悔莫及。

对这种分工模式着迷的人，可以检视一下自己的思想里，有没有想依靠他人，或者偷懒、走捷径的念头。我一直认为，中国全职太太是最具风险性的职业。

如果是出于家庭的需要，夫妻双方协商，在尊重太太意愿的情况下，太太选择回家，先生在日常生活中能意识到太太的不易、肯定太

太的价值，这是可以接受的。

如果你经常听到"是我养着你，你懂什么"这种话，请高度警惕你眼前的男人，很可能他离出轨已经不远了，还是趁早做准备的好。

解毒汤：生活处处能开花，就算别人的钱可以敞着花，也得具备自己挣钱养活自己的能力。

四、女人最重要的是家庭

毒性指数：★★★★★

潜台词：家庭才是女性的主战场，只要有个好家庭，即使其他方面让自己感觉挫败，你这一生也是幸福的。

解析：在这种思想的麻痹下，不少女性在婚后，尤其是孩子出生之后，迅速把精力放在了家庭上。

一方面，女性其实是很无私的，她知道如果自己更多关注家庭就意味着事业上会受到影响，但还是做出了这样的选择。

可另一方面，做出这种选择的女性，常常感觉内心迷茫，找不到自我，遇到婚姻危机的时候，也无法做到在经济上保持独立，社交资源匮乏，十分被动。

解毒汤：女人的幸福≠婚姻，女人的幸福靠自己，与婚姻有关，但两者不能画等号；关爱和满足自身价值需求，至关重要。

五、男人都是小孩

毒性指数：★★★★★

潜台词：女人要给男人当妈妈，要像妈妈对待儿子一样照顾丈夫，忍受他的妈宝行为。

解析： 或许每个人的内心深处都有一个内在小孩，男性也有很多的脆弱和无助需要袒露在妻子面前，渴望得到妻子妈妈般的关怀。

但是，在精神上的抚慰和理解并不意味着，你需要在生活中处处把丈夫当孩子对待，替他打点大小事务，让他越来越习惯于回家就窝进沙发、打游戏。

被这样对待的男性，是绝对不会感激你的，很可能一有机会他还会去为其他女人做牛做马，因为他在别人那里找到了价值感。

解毒汤： 别做"圣母"，相信他，鼓励他，他很可能比你干得还好。

六、出轨？哪个男人没这种事啊，忍忍就过去了

毒性指数： ★★★★★

潜台词： 出轨的男人很多，你忍忍吧，他玩腻了就回来了，这不是大事。

解析： 对方出轨后，如果你已经结婚了，会有各种七大姑八大姨来告诉你这条人生哲学。我们并不主张离婚是解决出轨的唯一方法。但是，选择原谅和接纳还是有条件的：

1. 夫妻双方都愿意直面这场危机。

2. 真心悔过。

3. 诚意和行为缺一不可，否则，千万别忍，忍出毛病来劝你的人是不会帮你治的。身体和心情都是自己的，自己选择，自己负责。

解毒汤： 出不出轨是你的事，原不原谅是我的事，开心最重要。

七、女人一定要做贤妻良母

毒性指数： ★★★★★ +

潜台词： 只有做贤妻良母才会有人娶，要把家人的需求置于自己的需求之前。

解析： 这种人设下，女人往往忽略自身需求，过于懂事，压抑了自身的需求，也让对方的需求日益增长。失去平衡太久，要么妻子忍不下去了，要么男人甚感无趣，有了二心。

解毒汤： 贤妻良母？ NO！我就要做个坦荡真实的"坏女人"！先让自己开心，才有力气去幸福生活。

八、这把年纪了，找个好人嫁了吧

毒性指数： ★★★★

潜台词： 年龄大了就贬值了，再不结婚就没人要了。不要挑来挑去，凑合就行，只要能结婚。

解析： 不少女性在这种劝说中，在不能结婚的恐惧中匆忙结婚了。婚后，面对不甘心之下选择的对象，她们过得极其糟糕。

更令人难以容忍的是——当初听信他人，降低标准找个"好人""老实人"结婚，没想到他还用冷暴力、出轨来对付你。生活，陷入了困局。

什么是"好人"？什么又是靠谱的人？

在长辈眼中，他们的形象大多是：工作稳定、性格内向、生活单一。但没人能够保证未来，所谓的"好人"也并不代表他们善于经营婚姻，愿意成长。

解毒汤：人生有很多事不能自主，结婚这事儿，还是按自己心意来吧，大不了找到了把他打一顿——"为什么这么晚才来找我！"

唉！我越写越发现，情感里的毒观念实在是太多了，不胜枚举。其主旨指向一点：女性天生就是弱者，靠自己幸福不了，只有依附他人的爱才能得到幸福。

然而，我们需要始终提醒自己的是：女性和男性一样，本身就是完美的存在，也拥有幸福的能力。拥有爱和幸福，从不需要靠依附。

从一段不好的感情里走出来到底有多难？

文 / 冯雪娇

怎样判断一段感情好不好

一段感情好不好，外人很难言说，然而，自己却是可以判断的。判断的其中一个重要标准，就是：在这段感情里，你的自我，是一个什么状态。

番茄跟男友在一起五年，特别渴望结婚。

与男友在一起的第二年她就开始提结婚，男友的态度呢，一会说"当你跟自己和解了，我们就结婚"，一会又说"结婚不结婚没什么区别啊，我们现在就挺好的"，一会又说"我看到研究报告说，结婚会影响人的大脑，会让原本很好的感情，变得很糟糕"。

番茄呢，明明很想结婚，却一遍又一遍压抑自己的愿望，选择认同男友。她不断地告诉自己，嗯，也许他说的是对的。

直到在一起 5 年以后，番茄彻底感觉不到对男友的爱意，才恍然明白，在这段关系里，自己埋藏着多么深的失望。

当一个人的意愿和感受，被通通压抑下来，而完全顺从另一方的意愿和感受，她就失去了自己。

比如，明明你很想结婚，但对方就是不愿结婚，虽然你选择继续与他在一起，但你的失望仍然在。

比如，对方疑似有小三，你的心里有怀疑和愤怒，虽然你选择相信对方，但你的怀疑和愤怒依然在。

因而，好的感情是，既看到了自己的期待，也能看到对方的期待，双方在尊重彼此需求的基础上，达成一致。

好的感情，是一种平等与合作的方式，并非一方牺牲自己，去成全另一方。

自我牺牲换回来的关系，终究是短暂的。因为自我牺牲所导致的怨恨、不满、愤怒，会让一段关系很难长期维持下去。

为什么明知这段感情不好可我还是走不出来

一段感情，虽然不好，但是又分不开，一定是这段感情满足了你的某个最重要的需求。

然而，需求有4分，有6分，有8分……有更高级的需求。比如说：

4分的需要，只要有一个人陪伴我，就是好的。

6分的需要，他能陪伴我，能支持我，能帮助我实现我的梦想。

8分的需要，灵魂深处，真正地接纳、欣赏、相爱。

如果一个人，她从小被爱的需求，只满足了1分，甚至是负分，你告诉她，别停在4分了，快来追求8分吧。

她一定会给你一个，不用你多管闲事的表情。

就好比，一个人在悬崖的这一边，你站在悬崖的另一边，你不断疾呼，跳过来啊，这边风景更好啊，可是她就是不敢跳。

那种对未知的恐惧，对放下旧有生活的恐惧，成了两条路之间巨大的深渊。

没有体验过，没有经历过，很难从内心深处相信，这种爱会发生在自己身上。

另外，放下过去的生活，从某种程度上，是对自我的一种否定。曾经的经历，塑造了今天的自己，曾经的经历，是自己的一部分，即便再糟糕，也给了自己极大的存在感。

但是，创造全新、更好的生活，则需要巨大的勇气，这也是一个人难以走出一段感情的原因。

当我的感情不好时，我该怎么办？

不管拥有的是什么样的感情，想要放手都需要极大的勇气。那么，如果我此时面对的就是一段不好的感情，我又离不开，我该怎么办呢？

1. 问你自己想要什么

不断追问自己想要什么，能给你带来巨大的勇气。

这个原理很简单，当一个人不断追问自己想要什么的时候，他就跟自己相遇了。当一个人与他自己相遇以后，就没有了害怕失去关系的恐惧。

当一个人不再恐惧失去关系，他才可以在关系里，做到爱自己。

2. 用成人的沟通方式，向对方表达你的意愿

感情本身没有好坏，标准就是，在这段感情里面，你的需要是被压抑了，还是被实现了。被压抑了，就是失去了自我。

因而，如果你感觉，你现在就处在一段不好的关系中，你需要明确地把你的意愿，用成年人的方式传递给对方。

前文中提到的番茄，在知道了在这段关系里她压抑了太多自己的

感受和需求以后，她开始明确向男友表达自己的意愿：

"我想要结婚，我想要的是，我们双方都心甘情愿去做这件事，而没有被迫感。这就是我想要的，这就是我的底线。"

她的男友听完以后，开始了新一轮的解释，而番茄不断重复这句话，用坚定的神情和语气。最终，她的男友表示，他会认真考虑一下，自己是不是真的想要步入婚姻。

你需要做的，就是把你的意愿和底线，用温和坚定的方式传递给对方，就可以了。

对方收到以后，可能接受，也可能不接受，但你需要让他看到，你的底线和需求是什么。

需要注意的是，要用成人平等的方式，而非孩子气的方式去表达：

正确示范："我想要结婚，这是我们关系的底线。"（神情和语气温和而坚定）

错误示范："我想要结婚，这是我们关系的底线。"（眼神很胆怯地看着对方，把自己变成了小孩，对方是大人）

错误示范："我想要结婚，这是我们关系的底线。你好好考虑一下吧！"（最后一句传递出威胁）

所以，成人方式的沟通，需要注意两点：

一是不带有情绪，当你带有愤怒、指责的情绪时，你就又回到了曾经受创的小孩的状态，这个时候，你的语气虽强势，但是内心是虚弱的。

二是只需要传递你的需要和底线，至于对方是否接受，那是对方的选择，尊重就好。

一段感情本身没有好坏，你在这段感情里面的自我状态，是评价这段感情的唯一标准。

　　你需要关注的是在这段关系里有没有自我牺牲，有没有要求对方牺牲。牺牲会造成不对等的关系，对维持一段持久、幸福的关系，有极大的破坏力。

　　真正好的关系，一定是合作平等的关系，这样的关系，才能持久和幸福。

　　因为，只有关系里的每一个个体都得到了幸福，才能成就一段关系的幸福。

摧毁女人，只有控制欲这一点就够了

文 / 茗荷

看完电视剧《少年派》之后我发现，所有中年女性关心的问题，几乎在这部剧里都有体现。

我不禁感叹，这样的剧本只有女性编剧才能编得出来，因为只有女性自己才了解自己那些纠结和勇敢，谁不是一面哭着一面笑着面对生活的。

从焦虑到放松

这部剧刚开始的时候，剧中两个妈妈都有让人特别不解又生气的地方。

和很多妈妈一样，王胜男的心思都在女儿林妙妙身上，牢牢地盯着女儿的学习，在大事小事上都要替女儿做决定，还找关系送她进了实验班，不顾女儿的学习兴趣硬要求她学理，不顾女儿的反对结束了她的住校生活。

这一切不仅导致两人产生冲突，母女关系恶化，王胜男更因为过度关注女儿而忽略了老公的感受。

但是，后来丈夫失业，扯上官司，悄悄瞒着她去从事殡葬行业；妹妹离婚并且得了精神病；她自己也怀了二宝。

随着这一系列家庭生活的变故，她渐渐有了变化。

她渐渐意识到自己不能只关心女儿。于是她开始挺着大肚子，去帮老公要钱，安抚丈夫的心。

在丈夫的启发下，她也渐渐调整了跟女儿沟通的技巧。甚至在某些不方便自己去沟通的话题上，她忍住了脾气，让丈夫去跟女儿好好谈谈。

当女儿出现早恋倾向的时候，面对丈夫的惆怅和担忧，她反而觉得应该放手，相信女儿。当女儿考得并不理想时，她也不再强求成绩，而是看到了女儿身上的闪光点。

另一个妈妈是钱三一的母亲裴音，一直从事音乐事业，人长得又美又有气质。但是当她在婚姻中体验到孤独和背叛的时候，整个人的生命力消退了。她选择跟丈夫分居，但又没有勇气离婚，转而全心盯在儿子的学习上。

当妈妈怀疑他早恋的时候，儿子说："即便我找女朋友，也不要找你这样的。"

裴音非常伤心。为了儿子，她放弃了自己追求的梦想，用尽全部心力陪着他学习，儿子却一直表现出不理解的态度。母子双方的矛盾非常尖锐。

经过她与王胜男的不打不相识，两人成了很好的朋友，同时她潜移默化地受到了正面的影响。她在闺密和儿子的支持下，找到了勇气，勇敢地离了婚，并且接受了新的爱情。

从控制到相信

如果论父母对孩子的控制，在戏中表现得最明显的是钱三一的妈妈裴音。

她要求儿子必须"两点一线"地生活，不能住校，不能和一般的同学来往，每天晚上要喝她熬的十全大补汤。尽管儿子一再表示自己不愿意喝，妈妈仍然非常执着地让他喝掉，于是他只好偷偷把汤从窗户倒掉。

裴音性格敏感，容易猜忌，只是从半包榛果干，和一只发卡、一根头发上，她就断定儿子在早恋。

在没有和儿子沟通的情况下，她跑到学校去找老师，要求和女孩子的家长谈一谈。正是这次不打不相识的机缘，让她认识了林妙妙的妈妈王胜男。

她真正的改变是在离婚之后，在新的男朋友和儿子的鼓励之下，她渐渐找回了当初自信美丽的自己。

这个男朋友有一句话让我印象特别深刻，适合送给所有的女性朋友。

"你本来就是花，为什么要你身边的人开花呢？"

还有一个反面角色是王胜男的妹妹。她的丈夫出轨，自己又因破产与丈夫离婚，前夫也很快有了其他选择，一系列变故之后她的精神崩溃了。当进了精神病院之后，她也领悟到了很多东西：

你越是想控制，你越是会失去。你越是放松和相信，事情往往朝好的方向发展。

从绝对化到接纳现实

剧中的王胜男，和很多妈妈一样，希望自己的女儿能够考上好大学，取得高成就，因此她非常在意女儿的成绩。

她认为女儿在学校加入广播台是不务正业，认为女儿在家中的事务方面没有发言权，认为老公的意见也不重要，全家都要听她的。

但随着女儿的成长，她渐渐意识到女儿的特长在文科，女儿所开展的广播台以及直播，虽然不是当前最重要的，可能还会影响学习，但这些是女儿自己喜欢的，也是有价值的。她也渐渐接受了女儿只能考一个一般大学的事实，心态渐渐平和。

而裴音的执着和绝对化，特别表现在婚姻上。明明丈夫已经出轨，两人分居也有 10 年了，但是她就是缺乏勇气去面对。她舍不得放弃体面的家庭，宁愿过着貌合神离的生活，守着儿子，过得非常的孤独和压抑。

但是在闺密王胜男和孩子的鼓励之下，她勇敢地离了婚，接受了现实，开始了自己的新生活。

这部剧当中，表现得最宠辱不惊的当属江天昊的爸爸妈妈。他们经历了破产，但并没有心态崩坏，而是很快接受了这个现实，从头再来。拥有如此好的心态，也难怪他们能培养出江天昊这么乐观的儿子。

这部剧给我的启发

看完这部剧，我很想穿越回去重新体验高中的美好和单纯，但我还是得不断提醒自己，我已经是"少年派"的妈妈了。除了这种对于青春的怀念，剧中对现实生活的刻画更是给了我很多启发。

这部剧之所以火热，除了那些稚嫩的面孔、单纯而美好的情感，更大的原因是这部剧很"扎心"。它告诉我们：

1. 要有接受现实的勇气

中年夫妻的生活，很多时候都是一地鸡毛。

男人不像看起来那么坚强，孩子也不如理想中那么顺心，又或者工作上的挑战也并不简单，家里老人又整天这里痛那里病……

也许你的生活境遇不如别人，你的剧本不按照你的设想去发展，但是这就是生活，独一无二的生活。

面对这些，作为家里主心骨的女性，所展现出来的态度会很大程度地影响一个家庭的幸福感。

如果对现在的生活不满意，你首先需要自己承认事实，看到自己的资源有哪些，不足之处又有哪些，然后勇敢地为自己的生活负责。如果只是设法逼孩子，或者是埋怨自己的老公没有出息、原生家庭不够完美，实质上，你是在对抗自己对自己不满意这个事实。

2. 以创造者的姿态，创造自己想要的生活

剧中的王胜男之所以讨人喜欢，很大程度上在于她没有只想着要求别人，而是自己冲在了最困难的前方。丈夫遇到难缠的无赖，她挺着大肚子也要去闹。女儿不理解爸爸的职业，出言不逊，她教训女儿毫不手软。妹妹遇到困难，她不遗余力地去支持。她就像一个全能选手，非常积极主动地推动生活向前，以创造者的姿态创造自己想要的生活。

她以及剧中江天昊的妈妈，身上值得我们学习的东西还有很多。谁不是一边哭着一边笑对生活，无论来什么，我们都接着，这才是我们应该有的生活态度。

3. 找到能激活你生命的东西

尽管我们会迎来身体机能的衰退、事业发展的瓶颈，甚至有可能遭遇难以预测的变故，但是正像剧中的裴音一样，我们不能放弃自己

真心热爱的，或者应该去重新发现能激活我们生命力的东西。

或许是一份新的工作，或许是一份新的爱好，或许是一段新的关系，或许是童年一直想实现而没有实现的梦想，或许是一段旅行。

无论是什么，那都是你真心热爱的东西，不为有用，仅仅是因为你想要，你渴望。

如此这般，那朵花才能真正地开放。

如此这般，即便你已 80 岁，仍然会非常迷人。

怀二胎时老公家暴出轨，我该何去何从？

文／武秀文

m+ 幸知：

我怀二胎时被老公家暴，便回娘家待了几个月，他竟然瞒着我和别的女人在另外一个城市生活在一起。

我想生完孩子就离婚，可是两个孩子该怎么办？我本来想都给他，等我赚了钱后再回来接孩子。

但我又怕孩子跟着后妈受罪，他又这么不负责任。

于是为了孩子我继续熬了三年，每天苦等着他回家，不停脑补他出轨的画面。

三年来，我过得生不如死，甚至在抑郁的边缘徘徊。

老师，我该怎么办？

答：

家暴的伤痛，背叛的屈辱，你的内心惶恐可想而知，确实很难说算了就算了。作为女人和妈妈，我理解你的牵绊、纠结与不舍，也真的很心疼你，很想跟你做一个深入探讨，希望能对你有所帮助。

首先，我真的不愿意承认，文明程度发展到如今的情况，家暴（含冷暴力）和出轨仍然很普遍，从城市到乡村，从普通人到明星。

有人悲观地说过："家暴只有零次跟无数次的区别。"

还有人说："这只是自己家的家务事。打人的只是气极了，一时激愤，女人也实在欠揍。"

这都是哪门子的道理！

家暴＋出轨，一个渣男的养成路线

必须要承认，在家庭关系中，所有好事坏事都是相辅相成的。两个人争吵，都有责任，谁都不无辜。

从你简单的描述中，看得出来你们一直是两地分居的状态，首先一定是有夫妻亲密关系的缺失。再者，你怀着身孕，被打了，为什么当时没有立刻处理这件事情，而是自己逃回了娘家，放任他去了别的城市，从而有机会去跟别的女人在一起？

在这件事情的处理中，我看到了你的自卑和软弱。挨打了而不反抗，还要给他生第二个孩子，你带着"家暴也是一家人"的心态在熬日子，等于给了他为所欲为的底气，不是吗？

要我说，出轨尚可以回归家庭重建关系，但面对家暴，必须零容忍。

也许有人会反驳说居家过日子，保不齐会有失控的时候。

面对施暴者的第一次失控，如果受害者拿出决然的态度，拉响婚姻警报，告诉他不可以有第二次，否则就一拍两散。如果对方没有再犯第二次，我们就可以相信，这种家暴只是一次失误。

如果对方并没有收敛，那就直接可以鉴定为他的本性便是如此，此时赶紧结束这段关系才是最重要的。

但现实情况是，很多施暴者，打完妻子后毫不吝啬他的内疚、悔恨。他痛哭流涕，下跪，为了得到原谅，还会写保证书，承诺如果再犯就净身出户。

但是，稳定一段时间后，可能某种情况下他的情绪又再度崩溃，暴力行为再次出现。

家暴，并非施暴者"一时兴起"，而是因为这些人本身就有心理问题，这是一种"瘾"。

虽然《中华人民共和国反家庭暴力法》于2016年3月1日起已经施行。但是，现实中家暴剧目仍然每天都在上演。

据全国妇联统计，全国2.7亿个家庭中，有30%的已婚妇女曾遭受家暴，平均每7.4秒就会有一位女性受到丈夫殴打。

每天胆战心惊，"打落牙往肚子里咽"，仍然是很多被家暴女性的真实写照。

逃避，是一个女人走向理性的最大障碍

可能对于家暴这件事，你已经"好了伤疤忘了疼"。

你住在娘家，怀着孩子，男人却跟第三者快活自在，是你最大的伤痛。但是，你有没有考虑过这两者之间的关系？这个男人，把你放在什么样的位置上？

从你的描述中看，你已经把自己逼到了两难的境地。就像跷跷板的两端，一头是不敢离的婚，一头是必须要忍的屈辱。

针对这种骑虎难下的状态，给你哪个建议，你都决断不了，因为，

你看到的是个死胡同——第一有孩子，第二经济不独立，第三亲人劝和、不支持你离婚。

其实，你没有意识到一个事实，就是无论是离还是过下去，你都必须有一样利器，就是你自己的成长与自觉。通俗点儿说，你得立起来，不能再当尿包。

你已经被现状吓住了。无辜的孩子、经济的重担、周围人的眼光、不可预测的未来……

让你放下，你没这个魄力；你试图挽留关系，但却只想到了忍的方法。在你怀孕挨打之后，老公却与第三者在一起，你还苦等了他三年，这不是太悲哀了吗？为什么你的世界里，全是"忍"字当先？

当然，有很多女性，都卡在这种左右为难里，不敢拼，也不敢退，跟你的做法如出一辙。

你对夫妻关系心存一丝侥幸，就会换来对方无休止的放纵。所以你看，你们的婚姻走到这个地步绝非偶然。导致你无路可走的，不是孩子，不是老公，是你的逃避与退缩。

所以，你要逃避到什么时候才能站出来去真正解决你的婚姻问题？与其担心孩子在后妈手里被虐待，不如努力不要让孩子落到后妈手里，你是有权利争取这一切的。

所以，看到自己思维逻辑后面躲着的逃避和不负责任了吗？

及时止损是种大智慧

看到你的求助帖之前，我刚好看到一个关于家暴的新闻——广东省鹤山市一女子录像取证被家暴，男子对其进行殴打，孩子在旁边凄厉地尖叫。

据说，女子被打断3根肋骨，已赴广州就医，男人被依法刑事拘留。案件在进一步审理之时，女人只有一个诉求，就是：离婚。

非要到这么惨烈，才想到要去挽回自尊，这是多少女性在婚姻里酿造的悲剧啊。

作为一名心理工作者，我不能武断地说施暴者就没有被治愈的可能，只能说，施暴者的家暴行为有他的心理成因。他们往往生长在一个打骂成性的家庭里，结婚后，如果他们遇到一个忍让退缩的妻子，那么产生家暴行为就是对之前家庭暴力环境的模仿加强化，这是一个日积月累的结果。

家庭暴力行为的矫正，必须在专业的心理咨询师的指导下进行，经过很长时间和很大耐心才可能奏效。如果施暴者没有治疗的意愿，这个难上加难的治愈就更不可能会发生。

有研究表明，在家庭暴力环境中长大的孩子，很有可能会在他（她）今后的家庭中重演这种暴力行为。

很多在家暴环境下长大的女性，骨子里是带着"原罪"的，觉得嫁给对方就是他的人，对方怎么说她怎么做，而没有关系平等的概念。这像一个魔咒，让很多女性看不到自己的价值所在。

再来说出轨。

家和万事兴，是世间所有男男女女的渴望。

但是，人性是复杂的，现实社会里有很多诱惑，如果你对老公的出轨一忍再忍，那么这种三角关系就永远无法杜绝。

你要知道，虽然你已经对这段婚姻完全失去掌控力，但深陷泥潭、掩面而泣，并不是你的最终命运，你还有一个出路就是：及时止损，成为勇敢的自己。

有人说，婚姻有三种境界，就是可心、可过、可忍，如果这三个境界你都做不到，就要毫不犹豫地选择放手。

行文至此，不知道你自己心里有答案了吗？忍下去，还是冲出来，大胆去解决问题，需要你做个选择。

最后跟你说几句知心话，如果你选择与老公谈判，让他放弃第三者回归家庭，那么再遇到老公家暴的情况时，你要及时求助法律部门的保护，留好证据报警，给自己留一份做女人的尊严，也还给孩子一个勇敢的妈妈。

婚姻中，女人必须熬过的一道坎

文 / 全玉

结婚 7 年后，这个男人越来越难相处

上周跟两位闺密一起聚餐，大家聊的话题不约而同地从热剧，到孩子，最后落到丈夫身上，都觉得自己还能跟对方过下去，真是凭着一口仙气，否则早就被气死了。

三个人越说越起劲，越说越觉得自己委屈，真后悔自己当年怎么会看上这个一无是处的男人，我当时听的同时也在频频点头。

忽然，闺密兰兰话锋一转，她最近因为买家具的事情，跟老公发生了一次冲突，冲突的最后，老公不禁感叹一句"其实你这个人也挺不好相处的"。

兰兰说："当时听到老公这样说，我愣了一下，想想这句话，挺熟悉的，因为这是我常常跟他说的。"

兰兰常常抱怨老公脾气急躁、大男子主义、没有边界、很容易自以为是、听不进别人的建议……

如果这个清单继续列下去，估计没有终点，"罄竹难书"。

但那天老公跟她这样说，还是让她沉思了一下。

兰兰和她老公的婚姻即将迈入"七年之痒"阶段。老公也从一开始认为她善解人意、温和、爱笑，到逐渐了解了她的全貌：

冲突时容易冷战、有时一意孤行、作息时间不规律、做事情没有条理、很容易情绪失落、对金钱没有很好的规划、时间利用率低、在教育孩子上不够有原则和理性、对外人比对老公更看重、经常出去参加各种培训而忽略对家庭的照顾……

估计这个清单让老公来列，也同样如滔滔江水一般，绵延不绝。

其中，他们常常把冲突的焦点聚焦在对金钱的态度上。兰兰对此有近乎苛刻的要求，禁止老公乱花钱，因为兰兰从小听到和看到的都是，钱要节省用。

在重复多次唠叨之后，现在老公买东西都有些紧张和担心，不得不养成一个习惯，买什么东西报备时总是把价格说得低一点再低一点。

兰兰笑着说："似乎现在老公跟我越来越像，我硬生生改变了他原来不拘小节的气质，想想也真是罪过。"

另外，因为兰兰在成长经历中，是不被允许堂而皇之地表达和满足自己的需要的。因为那会被母亲指责，所以很多事情上她总是习惯压抑自己。

当兰兰看到老公如此"明目张胆"地满足自己而只是吃的需要时，她非常难以接受，觉得不可思议。

他已经是大人了，还像孩子一样，无拘无束地贪吃，兰兰会不停地指责他，讥讽他，并且阻止他。

老夫妻的相爱相杀

在这个过程中，老公觉得她不可理喻。

看着他的眼神，兰兰慢慢开始意识到，这是她自己的问题。

因为从小她的需要没有被好好满足过，所以她也看不得、不允许老公自由自在地满足自己的需要。

但是现在借着老公的坚持，兰兰也学会及时去满足自己的"私欲"，比如，定期安排跟闺密的约会，把孩子交给老公，只是为了让自己放松一下，她认为这样的感觉真好。

还有一点，也是常常让她老公觉得很无奈和委屈的地方，就是兰兰不允许老公午睡。

因为她小时候有一次跟小伙伴玩得正开心，却被路过的妈妈狠狠地责骂："你怎么这么过分，我每天累死累活的，你怎么还有心思在这里玩呢？"

兰兰感觉非常羞辱和内疚，灰溜溜地跑回家，从此，她不敢让自己停下来，总是要找点事情做，否则就会很不安。

而她的老公一直有午睡的习惯，但有了孩子之后，看到他每天还是照例去午睡，兰兰就抑制不住心里的怒气，一定会去把老公吵醒，不许他睡觉。

每当这个时候，老公都感觉很烦躁和委屈，他提议让兰兰先去休息一下，他来照顾孩子，等兰兰休息好，再来替换他，但兰兰仍是不依不饶。

有一次周末的下午，兰兰陪孩子玩，不知不觉睡着了，当她醒来时，发现自己躺在沙发上，身上盖着一层毯子，家里很安静，一看时间，她已经睡了两个多小时。

原来老公为了让她好好休息，悄悄地带着孩子出去玩了，这两个多小时安静的休息让兰兰觉得非常感动，原来她是可以被允许休息和放松的，这就是她需要被满足和重视的地方。

那一次的经历，让兰兰学会去满足自己和老公的需要，不再总是那么紧绷着神经。她渐渐学会放松自己，真正去照顾自己。

兰兰说，那一刻，她体会到老公之前多次对她抱怨时的心情，想想那时的自己是多么不讲理和霸道，也许老公也会有想抽她的感觉吧。

其实，他们在发生冲突时，老公同样经常感到很抓狂，因为一旦他们发生冲突，兰兰就开始不说话，即使老公有再强烈的沟通欲望，也会像火焰山遇上冰山一样，不得不偃旗息鼓。

老公常常无奈地说，吵架的时候，他觉得自己像一拳打在棉花上，什么回应都没有，他多么希望，兰兰有什么话能直接说出来，而不是如深渊一般的死寂。兰兰知道这招是自己最有力的反击，她能体会到，在那个时刻，老公一定是很难受的。

幸好每次在这样的时刻，老公都能用幽默的语言和搞笑的肢体动作暂停冲突，缓解即将升级的战火，帮助双方从你死我活的战争中停下来，有机会用理性来处理冲突。

原生家庭的伤，一起抱团取暖

说到最后，兰兰长舒了一口气。

她说，在她的成长经历中曾经受过的伤，在进入亲密关系后，逐渐都显现出来。

老公陪着她一起打过去未完成的糊涂仗，真是难为他了，当然老公也同样有很多让兰兰难以接受，气得牙痒痒的地方。

所以他们两个都受过伤的人，在一起抱团取暖，彼此支持和抚慰，也互相伤害，算是扯平了。

兰兰说，在过去的婚姻里，她同样有 100 次想掐死对方、50 次想离婚的念头闪过，但在即将迈入"七年之痒"的时候，他们都还愿意继续结伴过下去，这是非常感恩的事。

中年夫妻，婚姻经历从原来经常卡顿的两个齿轮，逐渐磨合为越来越可以顺畅运转的齿扣。

或许这个过程中很多棱角被磨平，但更多的是，彼此内心深处的很多伤痛被看见和了解，两个生命之间的连接更紧密，带着伤和痛，愿意接受对方的影响，也越来越愿意靠近和亲近彼此，享受细水长流的温情。

看着兰兰眉眼间的平和与恬静，我们很为她高兴，看着她与老公一路走来的起起伏伏，从原来冲突不断，到现在顺利跨越"七年之痒"，而且还正在孕育二胎宝宝，这真是鼓励人心的好事。

美国"婚姻教皇"约翰·戈特曼博士研究发现：即使是那些幸福快乐的夫妻，他们婚姻中依然有 69% 的冲突是无解的，但这并不影响他们的关系，因为他们可以与这些无解的难题和平共处。

随着好几对明星夫妻的离婚官宣，在网民们大呼越来越不相信爱情的时候，我们看到，关系是双方合谋的结果，一段不幸的关系里没有无辜者。幸福的关系里，双方也都是愿意成全彼此的人，都在用各自的方式影响着对方。

你是否也有这样的感触，感谢关系里的对方：

感谢你努力包容我这个不太好相处的人，也希望你看到我在努力接纳真实的你。

进入二婚，一定要避开哪些坑？

文 / 罗文娟

她 32 岁，外企高管，忙于事业，一不小心就成了大龄剩女，嫁给带着 8 岁女儿的他。

她来到咨询室的原因，是她发现——她们的婚姻里，永远有"第三者"。

比如，全家约好去看电影，到了半路，女儿吵着去公园，他二话不说就紧急转弯，把车子开到了公园门口。

她可惜着那三张好不容易刷来的好位置的票，他却用一句话让她闭了嘴："你都多大的人了，还和孩子争！"

这样的事一来二去的多了，矛盾就爆发出来了。

难怪咨询室里她泪眼婆娑："我以为二婚的他，会更珍惜我……老师，你说我是不是选择错了？"

在全国平均离婚率超过 37%（2017 年上半年数据）的今天，二婚成为越来越普遍和常见的现象。

同时，相关数据显示，再婚的离婚率比头婚的离婚率高出 60%，所以，套用股市的一句话："二婚"有风险，入市须谨慎。

为了避免跳进二婚的坑，我们来探讨一下，在二婚之前要考量哪些因素呢？

你俩的立场足够坚定吗？

"就像买二手房，最怕的就是二手房手续不齐！"这是我一个做房地产买卖的朋友对于二婚的比喻，我觉得非常恰当。

再婚的婚姻，最怕的就是双方心里的情感是不齐的：他是不是真的已经从前一次婚姻里走出来了？双方和前任是不是真的"虽然拥有过去，但一定不想、不愿意拥有未来了"？

在此提供三种观察角度，来判断对方再婚的立场是否坚定：

1. 断绝关系式离婚

这类离婚特别麻烦，别以为两人断绝关系、老死不相往来了，就代表他心里完全没这个人了。

男人再婚娶女人时，男人说："从此你就是我的唯一，我和前妻已经老死不相往来了，你尽管放心！"

可是，女人发现，男人会突然间冲她发火，问他什么原因，他却不说。经过咨询她才发现，男人暴怒的地方，都是因为她做了和前妻相似的事：

比如，有一次女人晚上陪客户吃饭，11 点还没回家，也没打电话，因为手机忘在办公室了。女人在男人的暴怒下，连解释的机会都没有，这导致他们的婚姻关系急转直下。

从心理学的角度来看，这种断绝关系、老死不相往来的离婚背后，往往隐藏着严重的关系创伤。

关系创伤的结果往往是这样的：一是这些创伤会在以后的生活里爆发，二是这些创伤很难主动地修复。

2. 剪不断、理还乱式离婚

这种离婚中，有的人会有债务问题；有的双方就探视孩子、抚养费、财产等事项持续打官司，牵扯不清；甚至还有人离婚不离家，离婚后还保持着性关系。

这类关系就代表着双方有实质上的关系牵连，同时，也意味着双方的立场没办法坚定。

女人嫁给二婚的男人后，发现他的前妻就像影子一样飘在他们的婚姻里。男人离婚后，半年后才搬离原家，他的衣服甚至还由前妻洗了很久。她甚至无意间还在微信上看到男人向前妻请教怎样搞定自己。

她发现这些后，梗得半死。

即使她再怎么暴跳如雷地告诉男人"不要做这种让我难堪的事"，男人也像少了根筋一样听不懂为什么这些会让她难堪，甚至说："为什么你们不能和平共处？我和她现在也没什么，你也太小心眼了吧！"

最后，他们以离婚收尾。

3. 为了生活才再婚

这类再婚中很多人一开始进入婚姻就带着得过且过的态度，或者是功利的态度。他们带着"图钱、图势、图照顾"的三图状态进入婚姻，使婚姻没有建立在感情基础之上。双方也没有办法给够彼此情感上的"认定"。

当婚后发现自己的愿望和图谋无法实现时，他们就会产生不满情绪，致使婚姻再次解体。

二婚很拥挤，你准备好了吗？

文章开头的女主人公就觉得："在他心里，女儿真的比我重要。

他们不但是血缘关系，而且我认识他的时候，他已经和女儿在这个世界上相处 8 年了。更何况，她还是孩子，是应该、必须、一定要被保护和珍惜的。"

几年前大火的轻喜剧《家有儿女》充分展示了再婚家庭的拥挤：

男主角夏东海与某大医院的护士长刘梅再婚，双方带着各自的孩子重组家庭，3 个孩子 2 个成人，硬是拍了 4 部接近 400 集的电视剧，这足以见得再婚家庭的"剧情"满满，不是你想清净就能清净的。

我记得看这部片子时，一说到爷爷奶奶，我经常要问一下追剧的妹妹，是夏雪的爷爷奶奶，还是刘星的爷爷奶奶？一说到爸爸妈妈，我也要注意，是不是他们生父生母跑回来了？

当然，二婚分为多种，按照家庭拥挤程度排序，一般是这样的：

1. 都是再婚，各自带孩子组成婚姻的。

2. 都是再婚，一方带孩子组成婚姻的。

3. 一方初婚，另一方带孩子组成婚姻的。

4. 一方初婚，另一方不带孩子组成婚姻的。

所以，在这个爱情不能当饭吃的年代，再婚之前你更要问问自己：面对拥挤的二婚河塘，你真的练好泳技和心态，准备纵身跳入了吗？

对方离婚的原因不可忽视

有一个特别令我震惊的再婚观念——往事不可追，一切就让它过去吧，双方都不问对方的过去，彼此好好在一起就行。

从亲密关系的角度，双方真正的亲密，并不是锦上添花式的"我们好好在一起"，而是"我知道你的痛苦和悲伤，而且我能接受和抚慰你的痛苦和悲伤"。

这样，这个人才能成为你生命中的港湾和慰藉。这才是真正的亲密。

所以，往事里的伤痛，特别是上次离婚的原因，在亲密关系中占据了很重要的位置。

比如，离婚的原因是家庭暴力或者赌博，你能不能接受你的丈夫有可能是个家暴男或赌鬼？

还有，假如前一次离婚是因为婆婆介入太多，换句话说，他其实是个妈宝男，你有信心比前妻更猛，能从他妈妈手里抢下他吗？

《孙子兵法》早就告诉过我们"知己知彼，百战不殆"，这是二婚开始前对双方了解的重要节点，也有助于成婚后双方的磨合。

当然，这也可能是最微妙的点。微妙之处在于，对方不一定会直接说，即便说也不一定会是实话，尤其是像家暴男这种。这需要你自己去辨别。

比如电视剧《不要和陌生人说话》中即将成为医院副院长的外科专家安嘉和。他如果再婚相亲，一定不会告诉你，他曾对前妻进行过多么严重的家暴行为。

他怎么谈论上段婚姻暗示了他是否合适再婚

如何判断对方是否适合再婚，这里给你支一个妙招——看对方怎么谈过去的婚姻，以什么样的角度谈。

1. 怪罪型：都是前妻（夫）的错

这一类是属于高危类婚姻。常言道"一个巴掌拍不响"，关系一定是双方共同作用的结果。

前婚姻治疗领域有一种 BOSS 级理论，EFT（Emotionally Focused

Therapy，情绪取向伴侣关系治疗）。这种理论认为，婚姻之所以出问题，是因为双方在婚姻中营造了恶性循环，即双方既是受害者，也是加害人。

所以，如果一方从婚姻中出来后，从来不觉得自己有错处，从来都认为是对方的错，这就代表着至少他／她的前一次婚姻的恶性循环没有被看到，那么他／她再婚后完全有可能走上老路。

2. 极力不谈型：都过去了，都是伤心事，没什么好谈的

这一类极力不谈的，往往都是因为自己并没有从伤痛中真正走出来，没有真正地释然。

而且，最要命的是对方回避的态度，这会让再婚的伴侣不知道如何照料他原来的伤痛。那么，伤痛就可能在下一次婚姻里成为战火的源头。

3. 情绪波动极大型：每次谈，情绪都波动极大

很明显他在告诉你，前一次婚姻的影响对他来说太深远、太痛，疗伤尚未完成。那么，你的情感和付出，可能就成了他医治前伤的金疮药，你愿意吗？

虽然再婚比初婚要考虑的因素更多，但是，如果注意了以上这些点，想找到一个已经完全结束上一段婚姻，经历过风雨，得到人生智慧的伴侣，也是完全可能的！

与老公离婚后，她留给所有妻子一句忠告

文 / 郭友强

"我为他生儿育女，为他赡养老人，还照顾那个身体不好的小姑子，全心全意、任劳任怨地打理这个家，毫无保留地付出，为什么他要这样对我！"

小米一边擦泪，一边哭诉着委屈。

小米结婚 8 年了，听她的描述，她可以说是为家庭倾尽所有，不但跟娘家要钱贴补老公的家庭，照顾老公家人方面更是亲力亲为。

可她的老公并不领情，不但出轨了一个比自己大十多岁的女人，还起草了离婚协议，甩在小米面前，说了一句"我等你签字"，就拿着几件衣服离家出走了。

作为一名咨询师，我已经遇到过很多相似的案例了。

我发现，那些全心全意为了婚姻、为了家庭付出一切的女人，最后往往被男人伤害。

把心思都放在婚姻和家庭上的女人，到底做错了什么？

错就错在，她们把婚姻当成了铁饭碗。

抱着婚姻是铁饭碗的心态，去经营婚姻，经营感情，下场往往都不太乐观。

把婚姻当铁饭碗的女人是在找一个永远的奶瓶

不可否认，每个人在恋爱中，都容易退行到婴儿心态，希望自己的另一半像一个完美的妈妈一样，照顾自己、关爱自己，满足自己的所有需求，自己在想什么，即便不说，对方也能心领神会，还能给自己满意的回应。

但现实中根本不存在这样的"完美妈妈"，我们的婴儿心态也会做一些妥协，只渴望被照料、被关注，只要对方给自己充足的安全感，就够了。

之前有个来访者形容自己的婚姻——我希望我的婚姻像一个"永远不会断奶的奶瓶"。

这就意味着她希望另一半像一个永远稳定的补给站，一直提供自己内在和生活的养料。

铁饭碗的心态就是如此。

当你把另一半当作一个奶瓶的时候，其实就是在用对方心中的爱来滋养自己。可惜的是，对方并不是爱多得用不完的"土豪"。在很多时候，他也会需要被理解、被关注、被照顾，同样需要你作为一个奶瓶去滋养他。

婚姻中的你抱着铁饭碗的心态，而忽略对方和你相同的需要，一直处于索取的地位，也许你会有一段时间的满足，但是对于对方来讲，他的爱正在被逐渐掏空。

此时，对方的选择就有两个：

要么留在婚姻中饿死；

要么去外面找点吃的。

闺密心妍，结婚后就当起了全职太太，生活简单而幸福。可是去年老公的公司意外破产，老公也由富二代变得负债累累，家里的经济条件一落千丈。

可即使这样，心妍仍然不想出门上班，她"体贴"地跟老公说：没事，没钱了我就少花点儿。

老公暂时去一家公司上班，工作压力很大，每天回家都很晚。闺密安全感比较低，每次都生气，跟老公闹，让老公哄自己开心。

对于心妍来说，老公可真是一个不错的奶瓶。

但老公最后却受不了了。觉得妻子完全不体谅自己，只知道索取，慢慢地对妻子越来越冷淡，最终提出了离婚。

"铁饭碗"婚姻是女人幸福的赌注

铁饭碗心态有一个核心是弱者心态。当我们走入婚姻时，会觉得婚姻可以为自己余生的所有幸福保驾护航，自己只要打理好婚姻就可以了。于是潜意识中就把自己放到了一个弱者的角色中。

强者靠自己的努力争取幸福，弱者靠外界寄托幸福。

我的一个朋友木木，在原来的工作中，刚晋升领导岗位两个月就要离职。原因很简单，她即将结婚了，要回家去做一个全职太太。

虽然很多朋友都很不舍，但也唯有送去祝福。

木木每天都在家里忙前忙后，和朋友们的联系也逐渐少了。后来从另一个朋友的口中得知，木木的老公有些花心，结婚后仍天天勾三搭四。

木木知道老公出轨后，就只有两个字：离婚！

没想到，老公很爽快地同意了，马上让她签离婚协议。

木木这才傻眼了。

为了这段婚姻，她已经失去了很多——自己的工作、自己的社交，主动退化了自己的很多能力。

她才发现，没了工作，自己一个人没办法生活；没有了老公和朋友，自己每天都很孤单。

所以，本来坚定离婚的木木，选择挽回老公，求老公原谅。

相信婚姻、相信另一半没有错，可是为了婚姻，把自己独立生活的能力退化掉，变成一个只能依靠对方，离开了对方就活不了的弱者，这就是让自己失去了面对生活的能力和勇气。

这就像在投资中，我们都知道的一句话：永远不要把鸡蛋都放在同一个篮子里，尤其是，那个篮子还在别人手里。风平浪静还好，一旦有了冲突矛盾，对方手里攥着你的所有鸡蛋，你还有什么主动权呢？

真实的婚姻永远充满风险和不确定性

有心理学家曾经把关系的发展分为五个阶段，分别是浪漫期、权力争夺期、整合期、承诺期和共同创造期。

大多数人的亲密关系始于亲密无间的浪漫期，相处几年后，激情退去，会进入冲突矛盾逐渐增加的权力争夺期。

权力争夺期如果过渡得比较好，就会进入平静的整合期、承诺期和共同创造期，后面很可能会重回浪漫期。但如果过渡得不好，后面等着自己的可就是充满寒意的冷漠期或者彻底切断关系的分离期了。

而大多数人的婚姻，是在美好、理想化的浪漫期开始的。

结婚时，我们都抱着美好的幻想，以为这就是全部的、永远的、稳定不变的婚姻。

殊不知，人是会改变的，感情也是。

真正考验两个人感情的，往往在后面。

把婚姻当作铁饭碗，相当于抱着把钱存进银行的心态去投资了股票。或赢或输，风险太大，难以预测。

摆脱铁饭碗心态正面婚姻

怎么避开铁饭碗心态给婚姻带来的坑呢？

1. 修炼共情的能力

每个人都有对奶瓶的需要，奶瓶喂的是什么？是理解和共情。

当我向对方索取的时候，我同时也给予对方，这样彼此之间的爱才会循环流动起来，关系也会更加平等和稳固。

2. 发展自己的生活能力和社会支持系统

家庭中，你是什么角色？你生活的快乐和幸福来源于哪里？

如果你的答案是单一的，那么你很可能失去了很多能力，不自觉地把鸡蛋都放在了一个篮子里。

这个时候你就需要积极地去做出改变，发展你的经济能力，这样既可以提高生活质量，也可以让自己更有底气。多和你的朋友联系，有心事和闺密们分享，让自己拥有一片可以承载自己的大森林，而不是只盯着对方这一棵树。

3. 用变化的眼光看待彼此和关系

当你不再固执、接受变化时，你才能发现，你们的爱情既可以是浪漫的，也可以是平淡温馨的，既有吵吵闹闹，也有欢声笑语。

这样你们的关系才能更加经得起风雨。

改变错误的心态，修炼幸福的能力，愿你在婚姻中收获幸福。

女强人的强大背后，隐藏着多少心酸

文 / 冰千里

01

新月是因为情感问题找到我的。

用社会标准来评价，新月是个不折不扣的"女强人"，她自己创办的公司旗下有 500 多人，在当地是知名的女企业家，也是几个协会的合伙创始人，无论是收入还是地位都属于上流阶层。

她身材娇小，目光锐利，衣着和谈吐中透露着某种骄傲，用她自己的话来说："我对自己要求很高，工作从来就没有闯不过去的困境。可是，"她的眼神一下子黯淡了不少，"我的感情道路却一路泥泞，一直不顺。"

已过不惑之年的新月离婚已 5 年，独自带着上高中的女儿。这 5 年间，她谈过 4 段恋情，每次都以对方离开告终。"我不知道是否还能继续，我现在觉得没必要非得找个男人。"每谈到感情，新月的眼神总是望着窗外，沉默许久。

在她咨询的过程中，我有种感受越来越明显，那就是新月并不需要我，她每次谈话都有自己的思路，对困惑也有着自己的分析，她学心理学已经 7 年，还拿到了博士学位。

每次我只能等她问我"你是怎么看的"的时候才可以说话，但我表达看法后，新月总会反驳，理由充分又合理，继而提出自己的观点，分析得头头是道。

我觉察到自己正在渐渐失去耐心，在她面前，我竟有些惭愧。她每次坚持咨询，开始、过程、结束都是自己把握，就算迟到也会有很好的剖析，而那些话正是我想说的。我感到自己除了坐在那里，没什么作用。

有天临近结束，我问了她一个问题："那些男人，她们离开你的真正原因是什么？"

她瞪大眼睛看着我，半晌说："就知道你会问这个，"接着抛下一句话，"和你差不多吧。"继而转身离开。

我们心知肚明，在新月感情经历中的男士，感受的确和我一样：觉得她遥远、强势、独立，自己在她面前很弱小，存在感很低。

即便我是专业人员，也会被她这样的强大气场所压制，何况她那些前男友呢。若在我的所有女性来访者中划分类别，那么看起来"坚强、独立、优秀"的女人占据着相当高的比重。

她们容貌姣好、事业有成、聪明能干、学历高，谁也不会想到在她们坚强的背后，隐藏了多少辛酸，掩盖了多少脆弱。

现实中像新月这样的女性大有人在，她们最大的特点就是坚强独立，在关系中或强势或疏远，不会轻易袒露真实情感。

这样的个性导致对方不能真正了解她们，并且会认为她们自私、高冷、回避，时间久了就会产生误会，导致矛盾和冲突不断。

02

事实上，大多外表坚强独立的"女强人"，内心都是缺乏安全感的。

我们总说安全感，可安全感究竟是什么呢？从普遍心理学角度而言，安全感至少包含了两个基本因素：确定感和可控性。

"确定感"指的是内心的笃定、踏实、明确。

你觉得孩子或爱人喜欢你吗？你的内心十分笃定：是的，他一定是爱我的！我不需要各种怀疑和自我反思。

你觉得自己能处理好和同事的关系吗？你同样也十分确定。

"可控性"指的是对危险、未知、环境、关系的把握度。

你认为你能完成这个任务吗？你很有把握，知道一切都在自己的预想之中，没有问题。

面对爱人出轨，你能做出正确的选择吗？尽管你很伤心、愤怒、委屈，但你总会综合各种因素，做出对你最有帮助的决策。

这就说明你的可控指数很高。可控性越高，人就越不易焦虑。

确认感和可控性是自信的前提条件，这两个指标越高，说明这个人的安全感越高，反之亦然。

安全感与外界无关，和内心相连。

当一个人有充足的安全感时，即使面对糟糕的关系环境，他依然可以摆脱困境，找回自我。而当一个人安全感不足，就算环境和关系是稳定的，其内心却也是惊涛骇浪、惴惴不安。

03

"女强人"之所以把工作看得如此重要，是因为在关系中没法安心指望别人。

安全感虽然和外界无关，但最初的建立却是由外部养育环境和养育者的人格来决定的。

坚强独立的女性，往往有着"指望不上"或者"过度承担"的早年经历。

一个孩子在面对危险时首先不是自己承担，而是给母亲发出信号，当这种信号屡次被拒，他才由悲伤转向绝望，才不得不一个人面对危险，变得乖巧、独立、懂事、勇敢。

更有甚者，妈妈（泛指一切养育者）不但不能给予孩子照料，还比孩子更需要照料，要么卧病在床，要么心理脆弱，此时，孩子不但要面对危险，还要照料妈妈的情绪，这就是过度承担。

而此时若强化了这个"承担"，坚强独立就会成为这个孩子人格的一部分。所谓的强化就是，当孩子独自面对危险、照顾妈妈时，他屡次被褒奖、被赞美，比如你真懂事、你好乖，你这么勇敢妈妈好爱你，你如此坚强全家都喜欢你，诸如此类。

为了"迎合"、为了得到更多的"爱和褒奖"，孩子会慢慢忘记悲伤、委屈、失望，取而代之的是坚强勇敢的"假自我"。

"假自我"是著名心理学家温尼科特提出的重要概念，指的是"被修饰过的自我"。

这个"假自我"的重要功能就是象征性地承担了母亲"照顾"的功能，它能够让孩子适应环境，隐藏"真自我"。因为真实的自我是不被接受的。

对于一个指望不上父母的、避开真实恐惧的孩子来说，"坚强独立"就是最好的"假自我"。

就像我的来访者新月，她是家里的老大，还有一个弟弟、一个妹妹，父亲常年在外工作，妈妈身体不好，打针吃药躺在床上是生活常态，有几年妈妈得了严重的抑郁症，常年走不出家门。

新月从二年级开始就承担起了"父母的职责"，照顾妈妈和弟弟妹妹，更是他人眼中"别人家的孩子"，学习从来都是第一名，用她自己的话说："那是我逃离家庭唯一的途径。"

常年照料家庭让新月变得越发隐忍，从不显露自己的情绪，"我们家后面有个小湖，我实在受不了时，就会去那里大哭一场"，说完新月去了洗手间。

我静静坐在沙发上，阵阵心酸，新月出来后眼睛红肿，那是这个坚强的女人为数不多的一次落泪，而且还是在我看不见的地方。

小时候，几乎所有认识新月的邻居、亲戚、老师都夸她特别懂事、特别坚强，"有你们家的大女儿真是你们的福分啊"，每当人们这样说，妈妈总一边摸着新月的头一边露出自豪的笑容。

"我特别讨厌我妈那个样子！"新月幽幽说道。

04

"坚强、勇敢、独立"自古以来就是人们歌颂的品质，这是被社会所认可的。

互联网的发展极大加快了生活节奏，让亲密关系变得肤浅。人们相互之间的交往越来越趋向表面化，把"看起来还不错"误以为是真的幸福。

新月这样的女强人，很多人只是看到她们的优越，却少有人看到其内在脆弱的"真自我"。

而她们独立的性格又强化了别人对她们的认知，这也是女强人很难找到可依靠之人的原因，很少有男性愿意和比自己有能力的女强人交往。

内在缺乏安全感，让她们很难去信任一个人。

因为靠近就意味着敞开自己，就很容易暴露隐藏的"真自我"，而真实的自我是柔软的、脆弱的、敏感的。

在她们看来暴露本身就意味着伤害，她们在早年已品尝过无数次这种滋味了，因此没有十足把握，不会冒如此大的风险。

对女强人来说，"依赖别人"是可耻的。

因为她们曾经想去依赖父母、依赖爱人的时候被伤害过，所谓的伤害就是被漠视、打压，甚至取笑，他人不但指望不上，更让自己多了一分羞耻感。

而唯一可以增强自己安全感的方法，就是指望自己；指望自己的最佳途径，就是增加安全的筹码。

这样的筹码最有效的就是经济独立、赚更多的钱，获取更高的地位，取得更高的学历，赶超男性，如此她们才觉得安全。

学历和金钱没有情感，它们不会伤害自己；相反，它们会让自己获得更多关注和认可。这就是确认感和掌控力，这就是安全。

05

矛盾的是，她们内心是渴望被温柔对待、渴望被爱的。

温尼科特曾说过，人只有真正拥有过某样东西，才能放下它。

人只有真正得到过爱，才能放下对爱的执念，否则就会逃避。

对从小没有被充分爱过的女强人而言，她们是对爱充满渴望的小女孩。

所以在对新月后面的咨询中，我一直保持开放的心态，允许她表达所有爱恨情仇，允许她对我的驳斥和强势，接纳她内心一直压抑的委屈和愤怒。

我知道，只有让她重新当一回孩子，让她慢慢体验不需要承担我任何情绪，也不用为我的任何感受负什么责任的感觉，让她内心压抑的小女孩浮出水面，我们才能产生真正的关系，而不是强大的功能性关系。

所以，假如你是这样的人，你首先要认识到：独立是对自己的保护。

它就像你内在的母亲，给予你现实中父母没办法给予的照料，要感恩这些年的坚强，正是因为这个替代的"母亲"，才能让你不断获得安全感。

其次更要看到内在自我的辛酸。

许多心理学课程让我们拥抱自己"内在的小孩"是有道理的，因为"她"才是你真正需要照顾的对象，需要被看到和关注的真实。

你可能在岁月打拼中习惯了一个人扛，也习惯不去依赖任何人，假装自己没问题，还习惯了照顾别人的情绪，习惯了努力与优秀，并为此消耗能量。

但你需要在内耗时停下来审视自己，在痛苦时可以允许什么都不做。记住，是否被爱和是否优秀无关，要接纳自己的普通，关心自己的情绪。

更重要的，要敢于去依赖一个人、一段关系。

真正的强大恰恰是学会了依赖，关系里的伤害最终要在关系中被滋养，这和坚强独立并不冲突。

可以这样说，有能力依赖别人，才是真正意义上的独立。

请给中国女人爱与欲的自由

文 / 周旋

电影《送我上青云》里，女主对着刚刚认识的男人表白，她的表白不腼腆也不委婉，而是直接阐明了自己内心深处的欲望。

在我看来，这不仅仅是一句电影台词，还可以看作电影为广大女性的欲望的发声，更可以看作中国女人爱与欲的苏醒和崛起。

《送我上青云》的电影情节其实并不复杂：女主盛男独立上进有追求，渴望真爱却仍孑然一身。

一次意外，她发现自己患上了卵巢癌，需要进行手术。

但父亲出轨，母亲幼稚，家庭给不了她需要的支持，她不得不接受一份自己不喜欢的工作（给商人李平的父亲写回忆录）去筹手术费。

天生骄傲的盛男，在生死关头才发现，成年人想要生存得体面比想象中还艰难。在一次又一次的希望与绝望中，她最终用自己的方式和世界和解。

电影说的是关于女性的故事，却处处充斥了来自男性和社会的压力。电影里，关于性和欲望的描写，一共有四处。

我认为，正是这四处，撑起了整个电影的脉络，讲述了女主盛男从顺应男权、到反抗、到最后开始自我救赎之路。

好女人要洁身自好？

第一处，是关于盛男对"性经历"的态度。

一次意外的事故，盛男得知自己患上了卵巢癌，她除了震惊，还有不解。

她不理解，为什么自己好几年没有性生活，从来不搞男女关系，却会得上这个病。但医生的回答是：处女也会得。

盛男？胜男！这是父亲给她取的名字，因为你不是儿子，所以我希望你胜过儿子，以证明我养你是值得的。

盛男的父亲，在看到盛男脸上的伤痕时，没有关心女儿疼不疼，也没有过问女儿最近过得怎么样，需不需要父母的帮助，他的疑问只是"打输还是打赢？打赢就好！"

他对盛男的要求是："你帮我把贷款还了，我生你养你这么多年，是你来回报我的时候了。"

盛男在过去三十几年的光阴里，一直接受着父亲的暗示，也接受了这种规则。她努力学习，努力寻求父亲的认可，努力做个好女人，包括洁身自好，不乱搞男女关系。

但是，这一切并未得到盛男预期的回报。爸爸出轨，家不像家；妈妈寄希望于整容，希望通过找到第二春来救赎自己；而盛男自己则年纪轻轻得了卵巢癌。

你做得再好，如果只是做别人希望的你，而没法做自己想做的自己，那么，你终归是不会幸福的。

盛男所接收到的社会对好女人的定义就是：没有性生活，洁身自好。

这是编剧的一个十分巧妙的安排，癌症不是一种外来的病毒，它是你身体自发的病症；而卵巢癌是女性独有的病症，与女性本身更接近，与我们的生理特征有更大的关联。

它的病变，暗喻着在"男权"之下，女性如果失去自我意识，只是压抑或者放纵自己，就会病入膏肓。

在山上采访李平的父亲时，老人问盛男为什么不笑。

盛男说，因为我生病了，所以我笑不出来。

老人回答，不，其实你弄反了，正是因为你笑不出来，所以你才会生病。

说男人"不行"需要勇气

第二处，是关于对"器官"的态度。

在影片中，李平答应给盛男30万元，让她为他父亲写一部回忆录。

盛男在去找李平谈合同问题时，恰逢李平与一群男人正在一起泡澡。李平他们出来后，裹着浴巾毫不在意地站在盛男面前，而此时的画面完全是两性之间的直接冲突。不仅如此，李平自认为是盛男的衣食父母，还出言羞辱她。

盛男愤怒地回怼：

"希特勒那么独裁的一个人，想要得到别人的尊重，但是他那个地方不行，他只有一个睾丸。你是不是也有类似的毛病？"

这不是盛男第一次反抗，她其实一直是个独立自主的人。

影片的开头，就展现了她打败精神病人，吐槽李平，又和小偷杠上的情景。但是我相信，这是她怼得最狠的一次。

她如此需要李平的这笔钱用来做自己的手术费用，但却仍不愿意低头说一声：李平是我的衣食父母。在性的文化和隐喻里，性能力就代表男性力量、权力和尊严。

反驳与践踏一个男人的男性特征，莫过于看低和嘲笑他的性能力。而女人对男人的尊重，最重要的，就是需要尊重和承认他的男性特征和性魅力。

盛男敢这样直面回怼李平，当然有恼羞成怒，有性格使然，也有病情带来的烦躁和心灰意懒等原因，才使得她破罐子破摔，比平时更加无所畏惧。

但是，我更愿意看作，正是因为盛男知道自己开始走向生命的尽头，所以她决定不再向"男权"低头，她一语道破"男权"的本质：

你之所以这么嚣张，不过是为了掩盖你的缺陷罢了。

"我想和你爱一次"

第三处，是关于对"性欲望"的态度。

在去采访李父的路上，盛男遇到了文艺青年刘光明。他看上去跟这个世界有些格格不入，他的气质是温润的、善良的、超脱的，还带有那么一点点淡淡的忧伤。

刘光明跟盛男聊云，聊时间，聊生命，聊有限和无限，掉书袋起来都显得那么清新脱俗。

面对有无限好感的刘光明，盛男想到自己去日无多的时光，想到手术后自己可能永远失去快感。

她不再等待，而是直截了当地说出自己的想法，她想在手术前，跟自己喜欢的人爱一次。盛男打破了对自己的禁锢，从男权的桎梏下挣开。她从"被动等"变成了"主动要"。

作为一个好几年没有性生活的人，我相信，说出这句话，她需要很大的勇气。一个成年女性，在面对自己喜欢的异性时，坦然地表达出自己的爱与欲望，却需要背对死亡，这得怀着多么巨大的勇气才可以做到。

这现象本身就是一件不公平，又令人感到悲哀的事情。而更讽刺的是，这个男人面对如此真挚炽热的爱，第一反应竟然是逃开。即使盛男在身后追得气喘吁吁，更因肚子疼痛而难受地蹲在地上，这个男人也没有回头来看一眼。

不想做，你可以说。但是逃，代表了什么？

当女性勇敢穿越禁忌线，向前探索的时候，你会发现，所谓的男性力量，不过是纸老虎而已。

遵从欲望，勇敢"自我满足"

第四处，是关于对"性愉悦"的态度。

最终，盛男接受了好朋友四毛的"邀约"，两个人度过了一段愉快的激情时光。

激情之后，四毛梦见自己来到了山上，躺到了草丛间，还看到了彩虹。他很满足，于是把梦说给盛男听，盛男没有任何回应。四毛翻过身去，却看到盛男在"自我满足"。其实在盛男刚刚被刘光明拒绝时，是想过要和四毛来完成这场激情体验的，但是四毛拒绝了。

他的托词是：你没有经历过完美的性，所以即使以后没有，你也不会难受，但是如果和我有了，你就会非常痛苦，因为"由俭入奢易，由奢入俭难"。

可是结果看起来却是，盛男满足了他，他却没有满足盛男。他梦见山，梦见彩虹，梦见放松地躺在草地上，都可以看作是男人满足后出现的幻象。

这是盛男对四毛之前对自己性能力极端自大，甚至试图强暴她的重要反击。在这里，盛男勇敢地做了自己，她没有隐藏自己的需求，也没有为了满足四毛的虚荣而假装满足，她甚至没有在四毛分享梦境时给予回应。

在那一刻，她遵从了自己，她的欲望、她的感受才是最重要的。而快乐，是女性自己赋予自己的。

作为一名女性，我很高兴看到这样一部电影的出现，它打破了中国女性电影题材的常规。

不再是青春偶像中的粉红泡泡，也不是柴米油盐间的困顿呻吟，也没有编造一个光鲜亮丽的"白骨精"形象。

女主角，她就这样站在那里，她有自己的工作，但是存款只有区区 3 万；她有自己的脾气，但是为了钱还得回去道歉。

她有曾经富裕的原生家庭，但是仅仅只剩一个光鲜的外壳；她有偶遇爱情的幻象，但是最终发现对方只是一个怯懦的胆小鬼而已。

她不够强，可是又不够惨，像极了芸芸众生的我们。李银河也对电影中呈现出来的女性自我满足的勇气表示赞赏："电影提出了一个对女性来说特别重要的问题，就是女性性愉悦的权利，这部电影很少见地直面了这个问题。"

卢梭在《社会契约论》里写道："人生而自由，却无往不在枷锁之中。"

对于中国女性来说，这个枷锁未免太重了一些。在这个"把无知当纯洁，把压抑欲望当懂事乖巧"的大环境中，很多女性在亲密关系里都是无比被动的，她们不敢享受真正的性的乐趣，只能一再地被动迎合着伴侣的需求。

　　她们被压抑得太久太久了，也是时候站出来勇敢地说出自己内心最真实的欲望了。毕竟，性从来都不是放荡与羞耻，而是生命最原始的体验，是圣洁的快乐，是坦荡的体面，说它肮脏污浊，从来都是人自己过于看不清而已。

　　《送我上青云》这部电影在勇敢地为女性发声。毕竟，感情是不可靠的，金钱是不可靠的，温文尔雅的外表是不可靠的，自诩的性能力也是不可靠的。

　　最终能依靠的，能将你送上青云的，还是女人自己。

婚姻中的经济矛盾："钱不归我管，就离婚！"

文 / 于琦

"于老师，我好纠结要不要离这个婚，我老公是做 IT 的，每个月收入几万块。我在家带孩子快两年了，从一结婚我就要他的工资卡，说了好多次，他都不给。

"我说那好，起码你要给我工资卡密码吧，让我登录网银，看看你的钱都花在哪儿。但每次提这件事我们都吵。于老师，你说我的要求过分了吗？我要不要离婚呢？"

"你老公给你基本生活费吗？够花吗？"我问她。

"呀，我和孩子的生活费都是他出，倒是够花，可是剩下的他就自己留着了。"

"你希望他上交所有的工资，对吗？"

"对呀，我爸就一直把工资上交给我妈，我老公为什么不交？我可以每个月给他零花钱。不都说，男人有钱就变坏吗？万一他拿着钱给别的女人花了，我怎么办？要是日子这么算计着过，那我还结婚干吗？"

其实，我心里想——眼下这两个人的确没闹到离婚的地步，但如果女方再这样紧逼，以后就难说了。

有很多女人因为婚姻中夫妻双方的经济矛盾处理不好而找我咨询

离婚问题，多数情节都是这样的：女方想管钱，男方不愿意被管。

可见钱是夫妻间的大事。关于要不要全部没收男方的工资，作为一个离婚律师，我有自己的看法。

01

安全感应该从自己的钱上找，不该从别人的钱上找。

上交工资卡，要男方心甘情愿才行，不能因为"我爸就把钱交给我妈"，你就让老公也照办。在我们父母那个年代，一般收入都不高，要夫妻齐心合力才能撑起一个家；但我们这个时代，如果男人给足了生活费，剩下的钱还硬要被没收，夫妻双方就会闹矛盾。

很多姑娘口口声声说，我不是物质，只是需要拿着钱才能有安全感，那男人就不需要吗？凭什么用别人的钱给自己安全感？

比如，有不少未过门或刚结婚的女孩，非逼着男方在房产证上加上自己的名字（男人自愿加名的，我们在此不讨论），嘴上说是为了"我妈心里放心"、为了"以后过日子踏实"、为了"以防万一离婚，到时候我不至于一无所有"，但实际上还是自己想要半套房。

我有个同学，三十出头时通过多次相亲，总算嫁了个不错的男人，男人在北京还有一套房产。我见过这个男人，看上去挺踏实的，我们都很为她高兴。

婚后头一年，我同学就动不动跟我诉苦，说她想让男人在房产证上加上她的名字，但是男人不同意，问我怎么办？

我心里想，那毕竟是人家父母辛辛苦苦奋斗大半辈子给买的房子。如果你们能白头偕老，你就有权利一直住在这所房子里，人家不乐意加名，你就别闹了呗。

如果她为家里做出了巨大贡献，例如婚后收入非常多，或者生儿育女，照顾家庭，和他过了很多很多年，这样她提出在房产证上加自己的名字也理直气壮。

可是他们才刚刚结婚，没有孩子，她挣得也不多，那男人凭什么敢相信，她能跟自己白头偕老呢？

后来，男人提出离婚，我是作为我同学的律师给男人打的电话，想着尽量帮她多争取点利益。

不过，在沟通过程中，男人跟我说，他提出离婚，跟女方不断要求在房产证上加自己的名字有很大关系。

我这位同学，是聪明反被聪明误，本来想给自己一个金钱保障，结果钱没要到，还把人弄丢了。

站在男性角度看这个问题，如今的房子价值都很昂贵，尤其是一线城市的房子。而且现在离婚率又很高，一旦离婚，双方就金钱的问题上就会产生更多的纠纷，换作哪个男人，也都要犹豫的。

所以作为女人，别因为担心离婚，就要男方提前兑现"违约金"，这就好比，刚刚和别人合伙开公司，自己还没有付出任何劳动，就要先分对方一半股权，换哪个合作者心里都会不舒服的。

当你结婚多年，也同样为这个家做出贡献后，比如养儿育女、辛苦工作、买房出钱，再要求房产证上加名，就合情合理了，这样男方和婆婆那里也觉得放心。

02

如果缺乏安全感，就努力挣钱提升安全感。

我做离婚律师这么多年，听到提出类似要求的都是女方收入不如男方的，却很少听说女企业家、女强人也要求老公上交工资卡的。

所谓没有安全感，多数是因为女方自己缺钱。

比如，我多年前曾和前男友合伙买房，房产证上写了前男友的名字，当时我也要求前男友签协议，因为那时买房的钱对我来讲，真的很多。

而且我也希望结婚后，前男友把工资都交给我，说到底，不过是因为我当时自己挣得少。

但我和现在的老公结婚后，因为我的收入增加了，对男方的期待就降低了。

婚后，我用自己挣的钱买了好几套外地房产，老公只是帮了一点小忙，但我都没有要求老公签什么协议，为什么？因为这些钱对我来讲没那么多了，就算离婚时亏了，我也有能力再挣。

而且，我再也没有把男方工资卡没收的想法了，老公只要交够了生活费，其余的都在他自己手里。当然了，我还会动员他和我一起做投资。

其实，我们也是经历了一个磨合的过程：

记得刚结婚时，婚礼上收到的所有份子钱，都放在我这里了，结果我炒股赔光了，没敢告诉他。

另外，他给我的生活费，我也没记过账，家里财务情况一团槽。

老公有一次问我份子钱去哪里了，我说炒股赔了，他虽然没埋怨我一句，但从此就不敢把钱交给我了。后来我不碰股票了，在家务支出上，我也学精了，一笔一笔记账，给他看生活费都花到了哪里，看了两个月，他就懒得看了。

直到他发现我投资的房产挣钱了，才开始恢复对我的信任，重新将大部分积蓄都交给我一起投资在房子上，我们还商量好一起存钱买下一套房。

所以，如果女方没有任何理财能力，甚至还乱花钱，就怨不得男方不信任你。当你学着使钱增值，他才会心甘情愿地把钱上交。

因此，提高家庭整体经济水平才是最要紧的。

有眼光的女人，不会只想着在自家的蛋糕中怎么多切一块，更应该想着怎么把家庭的蛋糕做大，这样自己的财富不就自然增多了吗？

03

不控制是一种智慧，"承包责任制"最好。

交足家里的，留够孩子的，剩下全是自己的。

当男人给家庭留足了生活费后，他自己爱干什么是他的事，别老想着控制他的一切。

人性就是这样，哪里有压迫哪里就有反抗，靠"管"是不可能有效的，反而容易滋生抵抗情绪。

很多男人在离婚官司里告诉我，因为他们的媳妇控制得很严，所以他们千方百计地建起自己的小金库。

当男人缺了自由支配的钱，一来会想法子自己存钱，二来会对媳妇心生怨气，这些都是给感情减分的。

另外，榨干老公的最后一滴血汗，他怎么会有动力去继续挣钱？

这就像"吃大锅饭"一样，既然多劳也不能多得，何必要那么努力呢？

后来的"承包责任制"之所以好，就是因为多劳多得有动力，交足国家的，留够集体的，剩下的都是自己的。

在家庭中也是一样，当男人的收入提高后，只要多交给家庭一些，剩下的他自己支配，这样他才愿意继续挣钱啊。

何况，他自由支配的钱，也决定了他能自由支配自己的小秘密。

比如给他的父母买点东西、和亲朋好友聚个会、私下借给哥们一点，这本来都是他的私事，妻子不必干涉，如果事事需要请示妻子，双方难免要吵架。

夫妻之间，是要留点空间和隐私的，这才是对人性的基本尊重。

金钱关系，是夫妻关系中的重要一环，若要巧妙处理的确需要智慧。

不要动不动就拿钱考验爱情——"你不交工资卡就不爱我，你不写上我的名字就是有二心"。婚姻还有很长的路要走，何必太计较一时的得失。

因为，跟金钱比起来，感情才是无价的。

我的再婚经历，希望可以给迷茫中的你一点启示

文 / 端木婉清

最近后台有很多朋友留言，提到再婚的问题。她们大都有过一段不愉快的婚姻，曾经流干了眼泪，伤透了心。而今面对再婚问题，她们又感到前所未有的迷茫。

害怕经济纠葛，害怕继子女相处问题，更害怕二度陷入婚姻矛盾和伤害。今天，我把一个再婚妈妈的故事分享给大家，希望可以给迷茫中的朋友一点启示。

我是顾蓉，今年 34 岁，一个 7 岁男孩和 3 岁女孩的妈妈，是一个再婚女人，儿子是和前夫所生，女儿是和现任丈夫的结晶，二婚 4 年，四口之家，迄今为止过得很幸福安定。

我曾经有过一段不幸的婚姻，这曾让我失去活下去的力量，差一点沦为堕落之人。前夫是我的中学同学，当时我们因为抄借一本数学书互生情愫，在那十五六岁情窦初开的年纪里，彼此试探心中的秘密。

碍于小城的传统，又加上学业艰辛，我们只是将这种心情转化为深厚的友谊。高三复读那年，我们再相遇，飞蛾扑火一般陷入爱情。

之所以说这些，是想告诉大家，我们曾经相爱过，我们是彼此的

初恋，我们曾经毫无保留地付出，我们曾经不顾阻力地为爱疯狂。在大学毕业后的第一年，我们登记结婚，举办婚礼，之后儿子出生。我们也曾岁月静好。

可是，好景不长，有一天我在他的手机里发现了一个陌生女人的信息，她口口声声说着"我想你"，甚至称呼他为亲爱的。那一瞬间，我五雷轰顶，泪如雨下。

我们曾深爱，但那一刻我却发现一切都有点讽刺。那一晚，我把孩子安放在父母的住处，然后一个人躲在家里，抽了他放在桌上的香烟，喝掉了半瓶红酒，想要麻醉自己并忘掉那条出卖了他的信息。

可是怎么也挥之不去。我在接下来的日子里疯了一般找他的碴儿，但始终没有勇气当场质问他"出轨"两字。

我后来加了那个女人的微信，问她和我前夫什么时候开始的。一开始她一脸茫然不知所云的样子，后来却干脆传了我前夫和她在一起的照片给我，大方宣战。她说："你老公爱的是我，他不爱你，我知道你们曾经怎样，可是现在的你像个煮妇！"

面对别人的挑衅，面对闯入我幸福生活的破坏者，我竟然无力以对，因为那几年我活得没有自己。想起我才 3 岁的儿子，想起往 10 年的感情，我心如死灰地问他自己的意见。

他承认了这段婚外情，也说了对那个女人的爱，既然如此，我没有办法说服自己忍受这一切。我提出了离婚，他欣然同意。

儿子归我，一套价值 100 万元左右的房子过户到我的名下，剩余贷款二十几万，也由我个人承担。一辆十几万的车子和 10 万元现金给了他。每一年的抚养费是 1.8 万元，他一年提供一次。

这是一段惨痛的经历，那期间我极度抑郁，整夜睡不着，服过安定药，也想过不负责任地结束生命。后来是儿子，他用稚嫩的"妈妈我爱你"唤醒了我。他的呼唤，让我意识到他还那么小，需要我的照顾。

我逐渐明白，人这一辈子，尤其是女人，尽管爱和婚姻很重要，但不一定是全部。我还有父母、孩子、事业和无数爱我的人。只是因为深爱，才伤得透彻！所以，我用了两年时间从那场阴影里走出来。

当时，有很多人劝我把抚养权让给前夫，但是作为妈妈，怀胎十月，儿子是我自己身上掉下的肉，那是我的命，我不能放弃。所以，我选择了自己独自抚养儿子。

她们都说：你这样找不到第二段婚姻，也很难遇见合适的人。

我想，这也是很多不幸婚姻中的姐妹忍受煎熬也要走下去的原因。没有孩子的人会说，离婚没什么了不起，但是真正经历过的人才懂得那份牵肠挂肚的疼痛，有的时候真的不是为了自己，而是为了自己的所谓的责任。

说实话，离婚的时候，我压根就没有想过要再婚，也怕二婚会对孩子造成二次伤害，害怕重复劫难。

但是遇见我现在的丈夫阿良以后，我改变了之前的顾虑，二婚没有想象中那么艰难，它同样是一场需得智勇双全的经营。经营不好，什么样的婚姻都是坟墓，经营得好，二婚也能岁月静好。

说实话，二婚是需要勇气的，要面临和承担的问题更多，责任更复杂。尤其是在经济、孩子、家庭矛盾问题上的处理更是需要巧花心思和付出。

我和现任阿良处理得很好，我也愿意把经验分享给大家参考。

一、情感问题

二婚中结合的夫妻，大都已到中年，就如我和阿良，都是有过婚姻经历的人，彼此在心智上也趋于成熟，早过了耳听爱情的年龄，在前一段婚姻里也消磨过很多元气。

所以相遇时，我们更多的是追求合适，聊得来，因为我们明白聊得来太重要，也明白轰轰烈烈的爱情不一定天长地久，学会细水长流的陪伴才是真谛。

所以情感上，我和阿良都比较随性随心，不会刻意追求第一次婚姻中非浓爱不可的境地，也不提往事，保持了默契，不挖对方的前尘往事，做到"如今明月照君心，君心亦我心"即可。

二、经济问题

丈夫阿良离婚时，房子按市值估价 150 万元，全款已经付清，她和前妻因为两地分居而积怨，最后感情破裂。房子归阿良，因为是他婚前全款所购。他从父母那里拿出 50 万元现金给了前妻，也把这些年的存款留给了前妻和女儿，并每月拿出 1000 元抚养费。

和我走在一起的时候，他就只有一套房子且和我无关。所以我们在经济上做了一些规划，也是有商有量进行的。我的房子出租，房租支付剩余房贷，不给新家庭增加经济压力，户名依然在我名下，申明将来留给儿了。而他的房了也依然在他名下，作为二婚后我和他的居所。没有其他瓜葛。

我们两个都是上班族，他做互联网电商营运，薪水相对高一些，而我则在一家外贸公司做样品陈列，也相对经济独立。

就我个人经验而言，二婚中，无论夫妻感情多好，最好是双方都在一个频道上，切不可因为一句"我养你"而再次失去支点，当然条件特殊、感情特殊的除外。

好的婚姻中，做到夫妻同心养育孩子、经营家庭，十分重要。要能把分割得清的经济问题在二婚前处理干净，如果需要婚后共同承担的也事先开诚布公地交代，不得做欺瞒。诚信是最重要的品质，直接决定你二次婚姻的稳定性。

三、继子关系处理

我有一个儿子，而他的女儿给了前妻。从组合上看，我没有承担一个后妈的角色，是阿良接纳了我的孩子。

二婚中，我们也最怕有孩子问题的牵绊，很多导致二婚失败的家庭也大都是因为这层关系。所以这四年，阿良在孩子的处理上尽到了一个继父的责任，给予了儿子朋友般的友情。

也就是他从一开始就没有按照父亲的身份去和儿子相处，而是作为朋友的身份，这不是说说那么简单，他付出了很大的努力，才使得儿子和他相处融洽。而我作为妈妈，在孩子的教育上也给了他尽可能的引导，并接受阿良对他的教育。绝对不要不舍得儿子被说，不舍得被训。

子不教，父之过，首先我认定了阿良现在是他的父亲。一个父亲教育孩子不为过。

继父也好继母也罢，我们本意上都十分愿意接纳孩子，给予孩子最好的关爱，生怕做得不好落人话柄。但是也最怕夫妻中原有一方的干涉和特别敏感的维护。所以想要二婚稳定，在孩子的养育上夫妻必须三观一致，也要懂得退让包容以及用心。

遇事可以商量是关键，把对方的孩子视如己出，也要承认不是己出。不过分强求，不过分以家长权力宣教。

对于阿良归于前妻的孩子，我同样做到关怀，及时安排抚养费过去，甚至在周末约见的时光中尽可能保留他们独处，关系融洽时再进行家庭互动。

我和阿良再婚后生了一个女儿，也没有过分疼爱，所有养育方式公平公正，没有给儿子留下不愉快的包袱，也没有给女儿留下被疏忽的感受。

阿良依然是儿子最好的伙伴，有时候我有些感动，这点是我没有想到的融洽。

四、再婚后感情矛盾处理

是夫妻就会吵架，是婚姻就会有磨合，尤其是像我们这样都有过婚史又重组的家庭，其实也会存在一些矛盾。尤其是在前大前妻的问题上，我之前也觉得有段时间他们频繁接触商谈孩子上学问题过于亲密，这让我有些不愉快。

但是后来我明白，虽然他们离婚了，但是仍然有一些道义存在，就像我恨过前夫，但是在孩子的问题上我们也做不到老死不相往来。只是情不在了而已。所以双方必须忘却嫉妒之心，要理性对待、区分相处。

再者，每一个人都有自己的个性脾气，两个人发生矛盾时，首先不要诋毁对方，尤其忌讳说我眼睛瞎了才会看上你这一类话语。

还有就是要给自己增值，做更好的人。通过第一次婚姻，我认识到了自己原有的不足，在第二段婚姻中力求越来越成熟通透。

从前我翻前夫的手机，现在丈夫的手机放在我旁边我也不要看了，因为他要出轨，我是看不住的，他不出轨，我什么都不介意就是对他的信任。所以相互体谅、相互探讨、相互理解成了二婚的特点。

我和阿良之间就选择了这种方式，真诚、理解、沟通！

婚姻是神圣的，好的婚姻是人间，坏的婚姻是地狱，我们都不想下地狱，就得拿出诚意来经营。无论是因为爱情，还是因为合适选择在一起，我们的宗旨就是要"幸福"。要牢记它不是"1+1=2"的过程，而是"0.5+0.5"的组合，是两个人各自去掉中间的棱角，融合在一起，是互相成就、欣赏和支持。

幸福从来不是轻易得来的，它可能需要不断地淬炼才能修成，也难免会经历流年的考验。两个人相处中不要做攀缘的凌霄花，要像两棵树，站立相依偎，根系扎在地下，枝叶缠绕在一起。共风雨，共阳光。

最后我想说：我们都想爱一个人就天长地久，我们都想结一次婚就人生白头。一定要好好珍惜拥有着的日子和幸福，珍惜身边人。不要轻易说爱，也不要轻易说散。真的没有办法，就要学会及时止损。相信自己，终有一个人是你的信徒。

不要做别人心中的好女人

文 / 火小柴

01

电视剧《小欢喜》讲了三对中年夫妻千疮百孔又满是温情的家庭生活，反映的家庭现象很真实。

剧中的三个女人各不相同。

童文洁，浓缩了绝大部分中国女人的生活状态，她严厉强势，有一个不太求上进、过上了退休生活的老公，还有个调皮捣蛋、成绩不好的儿子。

在家里，她总是那个黑着脸的人，追在儿子屁股后面催促，跟在老公旁边唠叨，操着最多的心，得到的却大多是不理解。

她一边照顾家庭，一边还要逼迫自己在职场打拼，中年却不太得志。

单亲妈妈宋倩，把孩子当作自己的延伸，对女儿的照顾无微不至，但换个词，其实就是无孔不入，她甚至在女儿英子的卧室里安装玻璃窗户，方便自己监管孩子学习。

即使是女儿考第二名，她仍然忧心忡忡。

她事业有成，是学校的"金牌教师"，在北京有好几套房。

其实，她追求优秀完美、对女儿充满控制欲的背后，是内心深处强烈的不安。

在女儿逆反的时候，那么强势的她红着眼眶，看着地面，道出了心中的疑问："你是不是喜欢你爸，不想跟你妈在一起了。"

而刘静呢，是一位公认的好女人，温婉贤淑，高贵大方，是家庭主妇，也是贤妻良母。

她的老公位高权重，她生活无忧、无限风光，简直是开了挂的人生。

可随着剧情的发展，我们发现她风光的背后，却是无限的委屈与失望。

丧偶式婚姻，搬家都只有她一个人操持。

碍于老公的官职，她有钱也不敢花，连去香港的小小愿望，也一直藏在心里。她经常跟老公念叨："如果你不当这么大的官就好了。"

儿子在外飙车，深夜不回家，老公一摔筷子，对着她发泄怒火。

看似完全不同的家庭，却总是让我们在那些细节中看到自己生活的影子。

对于工作、孩子和老公，每一个女人可能都曾有一段时间，咬着牙，独自撑起了一片天空。

有的女人环顾四周，无人依靠，只好独自前行；

有的女人麻烦缠身，问题像地鼠一样噌噌噌往上蹿，喘口气的时间都是奢侈；

有的女人连轴转，渐渐丢失了自己，只想着家庭幸福，到头来，落得两手空空。

我们不禁想问，为什么"好女人"总是得不到想要的爱？

02

这是因为很多女人分不清"控制"和"爱"。

她们会说"我都是为了你好"，而不是询问你需要什么。

她们希望你能按照她的想法行事，而不是尊重彼此的差异。

她们的爱强烈又沉重，是把你当成她们自己的一部分来爱，是一种无法忍受失控和分离的爱。

比如，前段时间某综艺中就有这样两段对话。

吃早餐。

"快点，把蛋黄吃掉，蛋黄防止你拉肚子。""我不喜欢吃……你要相信我！""我不相信你，咱们上网查一下，你看……蛋黄确实很好！"

逛超市。

"我想吃好吃的……""你现在什么都吃不了！"

总之，这样的"好女人"总让婚姻变成这样：你的感受由我决定，你的行动听我要求。

为什么要控制另一个人呢？

在亲密关系里，一个人感到不安，就会反复确认爱，确认爱的方式之一就是试图控制对方，让对方按照自己的想法做事，以此来确定自己值得被爱。

比如《小欢喜》中的宋倩。

对前夫，即使离婚以后，她的语气也总是命令式的。

命令的语气、苛刻的要求之下，是她对被抛弃的恐惧。

对女儿，每一次英子做出违背她意愿的事情，她总是委屈地流泪。

03

高压之下，男人有两种反应。

屈服和反抗。

有人试图反抗，面对反复递过来的蛋黄——

他先是撒娇："我今天还要吃吗？"

又讲道理："吃蛋黄不会防止拉肚子的。"

最后再挣扎一下："我不太饿。"

生活里，这样细小的反抗随处可见——

让他扫地，他说："一会扫好不好。"

叫他起床，他说："再过 10 分钟我就起。"

就像弹簧，每一次反抗都以屈服告终，弹簧都被往下压一点，直到一个临界值，爆发一次，而感情也在一次次的爆发中渐渐被消耗。

剧中前夫乔卫东送给女儿英子的乐高大礼被宋倩发现，乔卫东和方圆偷偷拿走乐高，还提议：把后车窗砸了，伪装是被偷了。

无奈宋倩立刻赶到现场，她像前夫肚子里的蛔虫一样，猜测：如果是乔卫东干的，他肯定会砸窗。

在这之后，乔卫东回忆两人离婚的原因时说："我在宋倩面前没有任何秘密，这样了如指掌的生活，非常压抑。"

离婚，似乎是他唯一能找回自己的方式。

最终，为了摆脱高压的控制，他选择了离婚作为最后的反抗。

剧中的童文洁同样强势，和老公方圆常常为了儿子的学习吵架，对方圆退休般不求上进的生活也诸多抱怨。

但为什么他们的婚姻却能够继续呢？

你会发现方圆并不是真正屈服，面对老婆的抱怨和指责，他并不还以攻击，也不屈服，照旧自得其乐地逛市场，买金钱龟、买鱼、买蛐蛐。

这是因为他总是能绕过老婆的苛责，看到对方的脆弱，然后理解包容。

比如，两人虽然吵架，可每一次吵着吵着，他都乖乖地闭上嘴，然后可怜巴巴地看着老婆。

再如，婆媳矛盾，他并不解释，也不反驳老婆的愤怒，反而是抱住对方，默默地哄。

他有自己的坚持，因为这些坚持和对方不同，也常常导致双方争吵，但却不会因此伤害感情。

那是因为他总是在说这三句话：

我能看见你，我看见你强势背后的脆弱。

我能理解你，我理解你苛刻背后的温情。

我能托住你，我托住你内心深处的不安。

这样的婚姻，平凡却不简单。

04

如果你也是控制型的女人，怎么办呢？

1. 学会尊重与欣赏

我有一个闺密，她是一个地地道道的女强人，但是跟我们谈起她老公时，总是一脸崇拜。

在她的眼中，老公博学、儒雅，就像一本百科全书，比她的经历精彩无数倍。

她的欣赏与尊重，让两个人彼此之间充满了爱的氛围，他们基本不会吵架，婚姻和谐到我们都觉得神奇。

2. 建立自己的价值感。

很多女人婚后就放弃了自我成长，成为老公的附属。但是我的闺密没有，她婚后依旧坚持着自己的事业与方向，成了一个公司高管。

她的坚持与价值不建立在社会定义下的成功上，更不建立在老公的功成名就、孩子的大好前程上，而是来源于她自己。

她说："我不管别人怎么看，我要让自己充满价值，让自己高兴。"

我也想要对每一个努力生活、用心经营却苦不得法的女人说：你不用做别人心目中的好女人，你就做自己心目中的好女人就足够了。

再婚女人访谈实录：离婚后我还能嫁给好男人吗？

文 / 茗荷

一向崇尚"家和万事兴"的中国人，或许在婚姻方面正在进入一个新时代。

来自各方权威部门的数据都显示，中国的结婚率一路走低，离婚率正连续多年增长。

值得注意的是，来自最高人民法院的数据显示：2016 年至 2017 年这两年，全国离婚案中，73.4% 是由女性提出。也就是说，以诉讼方式离婚的夫妻，女性是主导方。

一般来说，能主动从婚姻关系当中解脱出来，应当是因为无法忍受前一段婚姻带给自己的各种痛苦。那么离婚后，这些女性过得如何，又有哪些话想跟大家说呢？

我们试着采访了几位有离婚经历的女性，她们中间有普通人，也有特立独行的人，也许从她们的故事当中，你能读出什么。

01
May，37岁，外企普通职员

May 的前夫和 May 是经过朋友介绍认识的，当时 May 在情感方面没有太多经历，前夫比较会哄女人，恋爱的时候很暖，两人就顺理成章结婚了。

结婚后，May 很快生了个儿子，就在坐月子期间，她发现前夫经常去夜店；除此之外，她还发现他欠下赌债，甚至到了濒临破产的地步。

由于情绪不佳，生完孩子之后，她陷入产后抑郁，身体也变得很差，生活看不到希望。

多次争吵之后，她提出了离婚。虽然她也想争夺孩子的抚养权，但是苦于自己没有人帮忙，前夫家庭又看重孩子是个儿子，她只好自己离开了那个曾经的家。

"这是我心底永远的一个痛，每次想到就觉得好心疼。"她说这句话的时候望着远方，我知道她指的是孩子。

离婚后，她认真努力工作，并且通过中医的调理，身体渐渐康复了，人也变得有力量了。

去年经人介绍，她跟现在的老公认识了。对方有短暂的婚史，没有孩子。

"我当时觉得，他和我的很多健康理念比较一致，在那么多相亲的人当中显得很难得。"恋爱半年，May 忽然发现自己怀孕了，就开始打理结婚的事情。

可是没有想到的是，丈夫虽然不错，很贴心，但却有一个十分难缠的婆婆。

因为彩礼的事情，双方吵得不可开交。勉强结婚之后，因为跟婆婆理念不同，她们在带孩子的事情上产生了不可调和的矛盾，婆婆还对她大打出手，她只好报警。

她已经几个月没见到孩子了。

她从别人那里加了丈夫前妻的微信。这个时候她才发现，原来对方的那一次婚姻，就是因为婆婆介入太深而离婚。

"如果再给我一次选择机会，我还是会离婚，生活再难，也是自己的。"

02
欢欢，38 岁，自由职业者

欢欢的故事，很奇幻，但对不起，是真的。

欢欢跟前夫育有一个儿子两个女儿，她在很长一段时间里都过着夫唱妇随的生活。前夫负责挣钱，她负责照顾孩子，一家人很美满。

不幸的是，由于丈夫在生意上经营不当，破产了，并且还有一些欢欢不愿意透露的原因，双方最终离婚了，欢欢一个人带三个孩子。

因为经济上的窘困，她连孩子的生活费都付不起，便只好让孩子辍学回家，自己陪着孩子学习。

一开始，她只是拿学校的课本依葫芦画瓢，但她很快发现孩子们自学能力惊人，她给孩子们找来了更多的学习资料，自己动手研究自学方法。

10 年里，为了让孩子们接触到更好的教育资源，也为了躲避一些人的质疑和眼光，她带着孩子跑了全国十几个地方生活，有时候只有一盏灯加上一张床。生活虽然清苦，但孩子们和母亲在一起，也很开心。

她也曾让孩子们尝试短暂地接受体制内教育的日子，虽然孩子们成绩很优秀，但还是主动提出了退学在家自学。

除了文化课，孩子们还学习了太极、古琴、画画、钢琴等，有一些是自学，也有一些是请好的老师来教授的。就是在这个过程当中，她认识了志同道合的现任老公。

他是武侠小说里的那种人物，会武功、太极、古琴、手工、书法等，还曾担任某个宣传片的男主角。所以，围在他周围的"迷妹"并不少。

起初他只是女儿的太极老师，顺便也会教授女儿古琴。但日子长了，欢欢与他暗生情愫，等到他们公开关系的时候，很多人都难以理解。

现在的他们，在南方创办了自己的活动基地，一点点向世界传播中华文化。孩子们也参与其中，各有所长，让人骄傲。

在浮华的都市里看着她发来的照片，我着实羡慕。

当然，她在我眼中，拥有非同一般的智慧和定力。

她老公真的非常有眼光。

03

芳芳，35 岁金融分析师

芳芳是从小城市出来的，父母是普通的老师。看着女儿出落得漂亮，成绩又拔尖，因此芳芳的父母对她的管教一直很严格，从来都不让她和男性有过多接触，大学毕业之后才放开了"政策"。

在金融行业打拼的她很努力也很优秀，在人们看来，她又美又富有。关系亲近了才知道，她也有很心酸的情感经历。

她的第一任丈夫，回家后就躺在沙发上打游戏，家务不管，孩子不理，婆婆公公一直也帮着儿子，认为她这个外地媳妇找到本地人是赚了。她实在是忍受不了了，很快两人分居并办理了离婚手续。

离婚后，她全身心投入工作，在金融圈里取得了自己的一席之地，还开了自己的公司。

在工作中，她遇到了新男朋友，有钱、帅气、做饭好吃，人还暖。像是童话中的故事一般，她们结婚了。

可是她发现一个问题，他几乎舍不得给她花钱。即便是收入比她高很多，他仍然要 AA 制去负责家中的开销，更不用提上交收入了。

有一次，她发现他为自己和孩子买了高额保险，不包括她。

他太过精明和算计，一点一点地磨掉了她的真心。

"我很想有人养着我，但发现生活不给我机会。"望着她透着孤独的面庞，我只好祝福她。

04
乐乐，41 岁，自由职业者

乐乐也是朋友圈里特立独行的女性。

8 年前，她到印度生活过一段时间，在那里认识了她第一位爱人，并且怀孕了。但出于某些原因，她离开他回了中国，并且坚持生下孩子。

孩子出生 3 个月的时候，她就带着孩子在街头摆地摊生活。2 岁开始，她带着孩子周游世界，到处游学，自己则一边在异国生活一边做国际代购。孩子在泰国、尼泊尔、越南都上过幼儿园，总共游历过亚洲 7 个国家。

由于经历丰富，孩子对世界的包容度很高，不同的文化都能够接受，也很容易和陌生人打成一片。

乐乐的爸爸妈妈也曾十分担忧乐乐的生活，尤其是她固执地要把孩子生下来，所有人都怀疑她做单亲妈妈的能力。

"我也理解他们对我的劝说，都带着爱和关心，我全部接纳，但我拒绝被他们洗脑。他们即使是我的父母，但企图用爱来绑架我时，我也拒绝听从。在我看来最好的孝顺就是把自己过好了。"

她这么说，也这么做，在大理定居之后，她一边继续摆地摊一边做代购，同时照顾上学的女儿，还特别热衷公益活动。

面对这种霸气又自信的女性，上天自然有好的安排。她在摆地摊的时候认识了兴趣十分一致的现任丈夫。很难得，他一样非常注重精神领域，对物质的东西看得很淡。

这俩人结婚后，又给女儿生了一个十分可爱的弟弟。

她未来的生活，真的无法定义，因为，她是一个拒绝标签的创造者。

后记

她们，虽然只是万千再婚女性中的一个小小的样本，但每一个人的故事，因为鲜活，因为真实，因此和我咨询当中接触到的个案一样，深深地打动了我。

有人问：在你看来，再婚能过得幸福的原因是什么？

这其实挺难回答的，每个人都有自己的法宝。作为再婚的女性，与初婚的人相比，可能最大的不同在于对婚姻和人性多了那么一点点理解，少了一些不切实际的幻想和绝对化，或许更谨慎和珍惜一些。

在实际生活层面，她们却需要有更高的智慧和更强大的承载能力，才能处理好更为复杂的局面。她们的故事能给我们带来的启示是：你是你自己生活的主宰，越早明白可能越早幸福。

这点无论在不在婚姻内，有没有伴侣都不会有丝毫变化。无论是从意识层面还是实际生活来说，你都是你生活的创造者。

即使是遇到困难，迎头去解决的人往往要比停留于抱怨、一味强调是其他人的责任的人过得更好。并不是说在事情当中对方没有责任，而是去辩解和抱怨对于改进你的状态没有太大意义。好好疼爱和关心自己，你的开心，就是对周边人最大的贡献。

这既指物质层面，更指精神层面。尊重自己真实的心理状态，婚姻中坦诚地去与伴侣和家人沟通，既不委曲求全，也不恃宠而骄。包括对待其他家人和朋友也一样，你不认同的，没必要去解释和迎合，过得开心即可。保持开放心态，享受学习的乐趣。

有的人厌恶的不是婚姻，其实是人生。现代女性普遍在经济上已经很独立，但在意识层面还需要学习和成长。

学习为自己的人生负责，学习两性关系，学习你"未曾探索，仅仅只是喜欢"的领域，让自己开心。

最后，乐乐的话可以送给大家，当作是一种祝福：

"大道有大道的宽畅，小路有小路的绝美。

"生活不在乎你选择了哪条路，在乎你有没有幸福的能力。"

重组家庭启示录

文 / 绿米

总有一些剧，让我们一刷再刷。

对于我朋友来说，她刷《家有儿女》总有一种"旧瓶新酒"的感触——她最近离婚了，带着孩子，像刘梅一样遇到了自己的夏东海。

回看《家有儿女》第一集片头的那段开场白——

刘梅挽着夏东海对孩子们说："你们有共同的爸爸、共同的妈妈，我们是一个重组家庭，幸福生活就要开始啦……"

她感叹，自己小的时候只关注了情景剧里的欢笑，现在才看懂《家有儿女》是在为重组家庭正名。

可她还是有些不自信，担心自己不能跟刘梅一样幸福：

孩子能接受新的爸爸吗？

我能做好继母这个角色吗？

新的伴侣能在我无助时，体谅我、包容我、支持我一起走下去吗？

你以为第二次婚姻可以熟能生巧，谁又知道带着旧的婚姻履历，进入新的婚姻生涯，注定是一个更艰难的适应过程呢！

我理解朋友的担心，谁不是因为想过上更幸福的生活才选择再婚呢。

其实仔细看，剧中的刘梅和夏东海也不是一帆风顺的。他们从本是两家人，终于成为相亲相爱的一家人，经历了信任建立、情感磨合、家庭重组三个过程。

信任建立期：客观地尊重事实

在家庭重组的初期，一切刚刚开始，父母和熊孩子们彼此之间都不太熟悉，需要花一些时间来慢慢累积关系中的信任感。

也许在上一段婚姻里遭受了打击，很多再婚夫妇都反思了自己的不足，遇到能重新组建家庭的人，自然会更加珍惜。

为了维护好不容易才建立起来的家庭，一些父母自然把重心放在了对方的子女身上。他们尽量迁就对方的子女，把自己子女的需求摆在后面，以此避免伴侣间的矛盾冲突。

《家有儿女》里的刘梅就是这样，她得知小雪在父母离婚后长期住在爷爷家，缺乏母亲的照顾，就主动给了小雪更多的关注。

刘梅不仅做了很多小雪爱吃的菜，还特意了解小雪的兴趣爱好给小雪布置房间。刘星吃醋她也不在意，继续和小雪套近乎。

可是小雪那边并不领情，而是对刘梅继母的身份有些敌视，并且做出了一系列的反抗行为。

怎么去化解这场信任危机？一句话：视如己出，相敬如宾。

刘梅已经把小雪当作亲生女儿看待了，但是更重要的是相敬如宾。

小雪在剧中正值青春期的年龄，她有自己独立思考的能力，知道亲妈和继母在属性上的不同，这个时候的刘梅自然不能强迫小雪成为自己的亲女儿，但依然可以用一种尊重的态度去爱，去对待。

不过也有人疑惑，即便是继母表现得再尊重、再体贴，对方子女长期不领情，这样长年累月无条件的付出和关注，最终还是会让感情耗竭，上演一出"中国好继母，舍掉亲子也换不来继子的心"的悲剧。

在情感崩溃之前，谁还愿意这样费力不讨好呢？

一旦开始讨好，就说明付出已经到了极限的边缘了，这个时候夫妻间的信任是很重要的。

小雪在进入重组家庭初期后，不信任刘梅这个陌生的继母，这很正常。毕竟大家刚认识不久，就要在一个屋檐下生活，肯定不容易。

小雪害怕受伤，所以自我保护，拒绝刘梅的好意不说，还找同学假扮男友玩叛逆。

如果这个时候小雪的爸爸夏东海也认同了小雪的这种不信任，担心刘梅真的会伤害到自己的女儿，那么这样就很容易影响夫妇间的感情。

但如果夏东海看到了刘梅对自己女儿付出背后的意义，知道刘梅想证明自己对这段婚姻的诚意，那他就会想要去帮她一把，和她站在一起，成为她坚实的后盾。

刘梅生气了，夏东海不指责，而是抱紧她，体谅她的辛苦。刘梅有看法了，夏东海不评判，鼓励她吐槽自己的不满。

刘梅想付诸行动去改善和小雪的关系了，夏东海不给建议，只是默默地站在刘梅身后，支持她。

夏东海始终信任刘梅能够在重组的家庭里面做一个好妻子、好母亲。

一旦夫妻间的信任建立起来了，两个人就会朝着一个方向去努力，然后渐渐地，这份信任同样也会传递给家庭里的其他成员。

孩子们会觉得各自的父母是真心有意愿走到一起的，家里很安全，也开始真正有了虽然不是一家人，但是能进一家门的感觉了。

情感磨合期：接纳彼此的差异

曾有一位先生很兴奋地跟我说，他很庆幸自己再婚了，现在的妻子非常包容，是一个很出色的继母，女儿才来家里两周，她们之间的关系就非常融洽了。

但之后，在某次吃饭的时候，女儿因为继母在蘸饺子的调料里面没有放糖，表现出了一些不开心，那顿饭女儿没有吃完。

晚上，女儿一个人单独待着，默默盯着手机。

他悄悄走过去，发现女儿的手机屏幕里显示的是女儿、前妻还有自己的合照。

此刻，这位先生的内心是复杂的，他知道前妻喜欢在饺了蘸料里放糖，这是女儿从小吃到大的习惯。

他没敢去告诉再婚的妻子，也害怕去询问亲生女儿，他觉得接纳家庭成员彼此的差异需要花上一些时间。

不过，他还来不及想办法去协调，女儿的奶奶就介入了。奶奶担心孙女受了委屈，跑来新家当着妻子的面把他指责了一通。妻子有点不高兴了，觉得婆婆不是很接纳自己。

前妻也打来电话见缝插针地指责，说要是照顾不好女儿的衣食住行，就把女儿送回来。

这个时候保持理智是不容易的。

毕竟在一个重组家庭里，子女曾在生母那里传承了原生家庭的行为模式。这些习惯自然会被带到新的家庭模式当中。一旦孩子发现继父母跟生父母的差异，很容易就会去找生父母撒娇。

这位先生也理解，无论母亲还是前妻，她们的出发点都是为了让女儿有个和谐美满的成长环境。

其实他自己心里也是这么想的，他跟前妻协议离婚的时候也是考虑了一些客观因素，才把女儿接到自己的新家来的，只是难免会产生一些新旧习惯的冲突。

现在再婚的妻子也有些怀疑了，问这位丈夫是不是内心还惦记着前妻，所以保留着她的一些习惯，并没有准备好去接受这段婚姻。

的确，重组夫妻的身上无意间也传承了前一次婚姻的烙印，需要夫妻两人在新的婚姻中去客观识别。

比如，以前自己在婚姻里因为什么事情受过委屈，什么是自己比较在意的，夫妇两人都可以借这个时机开诚布公地谈一谈。

不要因为彼此的差异，遮遮掩掩，让现任伴侣误会自己和过去的前妻／前夫藕断丝连。

回看《家有儿女》的时候，我发现这样一个感人的情节：

当刘梅和夏东海发现了孩子们珍藏生父母的照片时，他们在家里腾出了一个角落，专门用来放孩子和生父母的合照。

让孩子们在新家里，依然可以看着父母离婚之前的照片，保留自己的习惯，重温亲人的感情。

在重组家庭的温床里，培育孩子成长的始终是爱，是感情。

孩子成长的根虽植在旧有习惯中，却更需要在新的环境里汲取支持性的养分，这一点依然来源于新父母之间那份彼此接纳的感情。

家庭重组期：在沟通中建立规则

一个重组家庭里的妻子抱怨：

有一次，12岁的继子说要去亲妈那里玩，自己当然是不干涉了，可是快到晚上10点了继子都没有回来。

这位妻子有些担心，不过转念一想觉得他应该是在亲妈那里睡下了吧。正巧那天丈夫加班，所以也没过多地过问。

深夜继子回家，恰好被刚下班的丈夫撞上，盘问之下才知道儿子撒谎，他并没有去亲妈那里，而是和几个朋友玩游戏去了。

这件事让丈夫很生气，责怪妻子没有看好儿子。儿子年龄还小，万一去和外面不三不四的人鬼混怎么办？

但妻子也感到委屈，因为之前就说好了要尊重继子和生母的交往自由，谁知道他会撒谎呢。

这件事情让重组的夫妻感情有了矛盾，两人也因此赌气，交流开始变得生硬。

妻子原以为经历了信任的建立和情感的磨合，大家可以融洽相处，可是现在却有点前功尽弃的感觉。

实际上夫妻两人都没有做错什么，两人心里也都是为对方考虑的：

妻子考虑的是丈夫的感受，充分给予继子与生母交往的自由；

丈夫也想让妻子和儿子建立亲近的母子关系，放心把自己的儿子交给妻子，相信她能照看好自己的儿子。

只是两人的想法都有些理想化，以为对方都能明白自己心中所想，忽略了重组家庭里面的规则建立。

重组家庭里面的规则建立是很需要耐心的一件事情，需要夫妻双方反复沟通自己心中所想，一起来制定一些家里的规则，然后把孩子们聚在一起进行耐心的说明。

在和继子继女产生矛盾的时候，切忌背后去和伴侣沟通，可以三个人一起来面对和解决。这么做首先就避免了夫妻间的误会，也能让家人的关系更透明。

对于子女的性别差异，重组父母也要有适当的策略。

对待儿子，要注重严厉和爱的结合。

夏东海对刘梅的儿子刘星，像朋友一样交心，给予其适当的空间，让他能做自己，同时在刘星调皮时用长辈的身份严肃教导。渐渐地，两人之间的关系更加熟悉和平等。

对待女儿，要多关注她的情绪，适当倾听，多一些耐心和情感上的陪伴。

刘梅细心关注夏东海的女儿小雪的情绪变化，不仅时常嘘寒问暖，还主动去了解她关注的兴趣，用行动来呵护小雪。

在父母的带动下，孩子们开始越来越了解自己在家里的角色定位，兄长或姐妹便能找到适合的相处模式。

这个时候，重组也就真正开始了。